好父母的说话之道

孙斌华 著

陕西新华出版
太白文艺出版社·西安

图书在版编目（CIP）数据

好父母的说话之道/ 孙斌华著. -- 西安 : 太白文艺出版社，2023.10
ISBN 978-7-5513-2397-0

Ⅰ. ①好… Ⅱ. ①孙… Ⅲ. ①家庭教育 Ⅳ. ①G78

中国版本图书馆CIP数据核字（2023）第090538号

好父母的说话之道
HAO FUMU DE SHUOHUA ZHI DAO

作　　者　孙斌华
责任编辑　曹　甜　杨钦一
封面设计　张　坤
版式设计　沈　存
出版发行　太白文艺出版社
经　　销　新华书店
印　　刷　河北赛文印刷有限公司
开　　本　880mm×1230mm　1/32
字　　数　157千字
印　　张　7.875
版　　次　2023年10月第1版
印　　次　2023年10月第1次印刷
书　　号　ISBN 978-7-5513-2397-0
定　　价　49.80元

联系电话：029-81206800
出版社地址：西安市曲江新区登高路1388号（邮编：710061）
营销中心电话：029-87277748　029-87217872

前 言

在如今的很多家庭里，都明显存在着不对称的两极：一方面，父母们总是抱怨如今的孩子很不听话，越来越不服从管教；另一方面，则是不少孩子经常抱怨父母管得严、爱唠叨，觉得自己过得累，生活很不自由。这场希望孩子听话的父母和不听话的孩子之间的较量在无数的家庭中不断上演，严重影响了亲子之间的和谐关系和家庭教育的效果。

那么，究竟是什么原因导致了这种情况的发生，孩子不听话的真正原因究竟是什么？父母又该如何应对和改变孩子不听话的现状呢？其实，想要解决这些问题，父母就应从反省和改变自身做起，先学会怎么跟孩子说话，多学习跟孩子交流和沟通的技巧。

提起说话，不少父母会不屑一顾，这不就是我们大多数人在幼年时期已经掌握的一项技能吗？谁不会啊！可事实真

的如此吗？其实未必。亲子间很多矛盾的引发，正是源于父母不正确的说话方式和教育方式。

请看下面的事例：

一天放学后，小悦因为沉迷于喜欢的电视剧而忘记了写作业，妈妈看到这一情景，就严厉地对女儿说："还不去写作业，整天就知道看电视，这么大的人了，一点都不懂事，这样下去，你以后就没有前途了！"

小悦对妈妈这种命令的语气很不满意，而且也早已习惯了妈妈的数落和唠叨，就说："你整天就知道这样教训人，我听着都烦，我现在就是不想做作业！"

见女儿不服管教，妈妈恼火了："我说的你就是不听是吧？你不想学习以后就别上学了！真是的，我以前像你这么大的时候，已经算得上家中半根顶梁柱了！今天我不好好管管你，你就不知道谁是家长了！"说完，妈妈打了小悦一巴掌，小悦气愤地跑出了家门。

另一个家庭里，同样是女儿没有做完作业就在看电视，爸爸想要提醒她先写作业，于是温和地对她说："宝贝，这个电视很好看吧？你放学这么久了一直盯着看呢？"

"是的，爸爸，这电视很好看。"女儿答道。

"电视是好看，爸爸也很喜欢看呢！可总是这样长时间地看电视，视力会下降的，到时就得跟爸爸一样戴眼镜了，没有眼镜还总是看不清东西，感觉真不方便。何况，你今天的作业还没完成呢，待会时间晚了，作业做不完，明天该挨老师批评了，这周的‘全优’也可能拿不到了哦！爸爸知道你是个好孩子，老师也总夸你在学校表现好，潜力大，要是不好好学，不仅大家会有些失望，你的潜力也会被埋没了哦！”

女儿知道爸爸在催促自己写作业，而且也觉得爸爸说得十分在理，于是说：“爸爸，我知道，我再看十分钟就去！”时间一到，女儿马上乖乖地写作业去了。

同样是要求女儿放学后要先写作业，可由于两位家长采用了不同的说话方式，结果大相径庭。由此可见，在家庭教育中，父母掌握正确的说话方式和教育技巧的确是非常重要的。

世界上没有不好教育的孩子，只有不会教育的父母，而想要教育好孩子，最重要的就是与子女有一个良好的“对话交流”，运用好语言这一媒介。家庭教育的效果并不取决于父母说了多少话，而在于能否将话说到孩子的心里，使孩子能心悦诚服地接受和遵守。要做到这点，就需要父母学会和运用有效得当的说话方式，反之，即使家长说得再多，也只是对牛弹琴，徒劳一场。因此，每个家长都应该学点说话之道。

本书从这一思路出发，紧密结合当前父母在教育子女过程中经常遇到的问题和困惑，从孩子不听话的原因讲起，逐

步深入，结合具体情境下孩子的表现，解析其不听话背后的心理状态和父母不同说话方式导致的差异性结果。书中既有贴合实际的亲子对话情景再现，又有鞭辟入里的说理分析以及不少实用性和操作性较强的意见和建议，还有生动活泼的说话演练示范，以帮助父母掌握与孩子说话和沟通的最佳技巧，增进亲子关系。

教育好孩子并不能一蹴而就。伴随着孩子的成长，父母也需要在这个过程中不断学习、不断充实和完善自己，始终保持一颗积极向上的心。唯有这样，才能真正做好父母，教育出好孩子。

目录

你，真的会“说话”吗

第一章 美丽语言，搭建孩子成长的阶梯

第二章　谈话有智慧，说得多不如说得妙

第三章　孩子不听话，源于父母不会说话

第四章 沉默是金，会倾听才能出奇制胜

第五章 批评教育，也要懂点说话艺术

你，真的会“说话”吗

“唯命是从”的孩子未必是“好孩子”

通常，家长都喜欢听话的孩子，因为听话的孩子乖，懂事，不会让父母操太多的心。相比之下，那些淘气而不听话的孩子就不那么受欢迎了。可是，孩子“唯命是从”就一定是好事吗？

传统观念中，人们常常将听话乖巧、循规蹈矩、不调皮捣乱等作为“好孩子”的标准。可是据统计，在人们公认的“好孩子”里，有超过10%的人都存在“强迫症”症状。因为“好孩子”面临的压力大，家长及社会对他们的期望值高，当其从封闭的环境进入开放环境后，极易造成心理失衡，产生诸如失落、自卑、焦虑、抑郁等心理问题，甚至形成心理疾病。

一个孩子如果过于听话，那么多少会对其未来的成长发展造成一定的消极影响：比如总习惯于听从别人的安排和命令，孩子的自主性得不到很好的发展，从而依赖性很强；习惯于听从别人的话语，却很少能自己思考，从而导致其思考能力和判断能力低下；习惯于被安排，尝试和勇气缺失；好胜心和占有欲过强，导致一些心理问题的产生等等。

由此可见，孩子过于听话，“唯命是从”也未必是一件好事，而且，听话的孩子也未必就算是“好孩子”。真正的好孩子，未必完全听话，但心理必定是健康的，他们的求知欲和进取心都很强，常向家长和老师提出自己经历过而想不通的问题；兴趣广泛而不拘泥于所学，对于生活中的很多事物都颇有兴趣；他们具有较强的意志力、自信心和自制力，当遇到困难和挫折时不退缩，不半途而废，不依赖他人而是自己去克服；有着质疑精神，对于父母和长辈的话语未必言听计从，有着自己的思考和判断能力；他们能自然流露自己的思想情感，不掩饰内心的喜怒哀乐，遇到事情能理性分析，很少表现出焦虑不安或忧郁；他们能够常常向家长或老师诉说自己生活中遇到的问题和自己的行为反应，听取父母的意见和建议，而不是总想着依赖别人；他们富于同情心，乐于帮助父母及亲属、同学等人，可以大方、谦让、和谐地与他人相处，心胸豁达，与人交往坦率真诚，比较随和，乐于接纳别人的意见……

著名的童话大王郑渊洁在谈论自己的教子心得时曾经说，他从来没有对自己的孩子高声说过一句话，也从来没有说过“你要听话”。在谈到原因时，他说：“因为我觉得把孩子往听话了培养那不是培养奴才吗？”有的心理学家也认为，三岁的孩子不反抗，就不是正常儿童。即使五六岁的孩子，他们的反抗行为也是很明显的，这也就是说，以听话为标准来教育和培养孩子，其实是错误而不切实际的。

总之，评判“好孩子”的标准应该是孩子心理的健康和人格的健全，而不应该是孩子听话与否。父母应该正确地意识到这点，针对孩子的特点和具体情况进行培养和教育，而不能盲目地把孩子培养成听话的孩子。

孩子不听话，责任不全在孩子

不少父母发现，孩子越大越不服从管教，无论自己怎么苦口婆心，孩子就是不听话，这着实是让父母烦心的事情。但事实上，孩子不听话，责任并不全在孩子，父母也有一定的责任。我们经常感慨于“问题孩子”，殊不知，“问题父母”也是同样存在的。在当前的一些家庭中，存在着这样三种比较典型的“问题家长”：

一种是强权制的父母，他们在与孩子进行交流和对话时，心中充满着强烈的家长意识，常常只考虑自己的心情和感受，而不能较好地顾及孩子的感受和表现。这样的父母时常会端起家长的架子，动不动就命令和训斥孩子，不是干涉孩子的行为就是对其行为横加指责。面对这样的父母，孩子很有可能表面上因为畏惧而服从父母的要求和命令，但却很难做到心悦诚服。一旦脱离了父母的严格掌控，多数孩子都可能选择逆反和不服。

一种是心中充满了对孩子的关爱但却不善于用语言来表达的父母。这种父母宁愿默默地付出也不愿意和孩子多进行交流和互动，当孩子违背自己的意愿时，他们也并不能很好地教育孩子，而多会大声斥责或者动用武力解决，却很少愿意花多一点时间询问一下孩子的感受、反省自己的行为。面对这样的父母，孩子尽管心中有很多想法，却不会跟父母诉说和交流，久而久之，孩子就会逐渐压抑自己的真实想法和感受，不是变得沉默、自卑，就是会站出来违逆父母的意思，和父母对着干。

一种是喜欢唠叨的父母。日常生活中，这种类型的父母会不停地检查和监督孩子的行为，对于孩子每天的行为，无论巨细，都要一一过问和操心，他们总认为自己的孩子很不成熟，总担心孩子一听不到自己的警告就会做错事情，更担心自己的细小疏忽会让孩子酿成大错。面对这样的父母，孩子在刚开始时可能还会忍受，可时间久了，就会习惯于将父母的话当作耳旁风，有些人甚至还会表现出对父母行为的反感，从而做出逆反的行为。

生活中，“问题孩子”很多，可“问题家长”也不少，这些父母最大的问题就是总认为自己的教育方式是正确而合理的，却忽视了孩子不听话的深层原因。孩子不听话，责任不全在孩子，父母也负有重要的责任，其中父母的教育方式和说话方式就是影响孩子听话与否的重要因素。因此，要想改变孩子不听话的现状，父母应该首先反省自身的言行，找到孩子不听话的真正原因，从而更好地开展家庭教育。

科学看待孩子不听话

对于孩子不听话的问题，父母该如何对待？如何教育？有什么行之有效的方式能改变？为了更好地开展家庭教育，帮助孩子健康成长，在解答这些问题之前，父母不妨先静下心来，学会科学地看待孩子不听话的行为。

其实，孩子不听话有着深层的心理根源，那就是孩子的逆反心理。逆反心理是指孩子为了维护自尊，而对父母、老师等的要求采取相反的态度和言行的一种心理状态，它会使孩子难以客观、准确地看待事物的真实面目，从而做出错误的判断，或者采取错误的方式和途径去解决问题。如孩子中普遍存在的“不听话”“喜欢和父母对着干”“较劲儿”等行为，其实就是逆反心理作用的结果。

然而，尽管孩子不听话的行为与逆反心理有关，但这种行为却并不是完全消极的，也有着其积极的一面，身为父母应该学会科学地、一分为二地看待这种行为。

一是孩子不听话行为的积极方面。德国著名心理学家海瑟曾经做过这样的一个研究，他挑选了100名2~5岁的孩童，其中的部分孩童是具有反抗意识、不听话的，另一部分是毫无反抗意识、非常听话的。在此后的数十年间，他对这些孩童的成长进行了详细的追踪调查，通过研究分析，他发现，追踪到青年期，那些反抗力强、小时候不听话的孩童，有85%成长为意志坚强、具有判断力的人，而那些没有反抗意识、很听话的孩子大多数成了依赖性很强、判断力弱的人，只有少部分具有较强的意志力。

在生活实践中，我们同样能发现，那些不怎么听话的孩子，往往自我意识都很强，这样的孩子通常会表现出智力活跃，反应敏捷，喜欢提问、对新鲜事物充满好奇、好胜心和勇气较强等特点。这些因素对于孩子的健康成长都是十分有益的。如果父母能好好发现和引导，那么，不听话的孩子将来也能出类拔萃。

二是孩子不听话行为的消极方面。当然，孩子不听话的消极方面更是显而易见的，这可能导致孩子养成一些不良的习惯，影响孩子的个性发展和健全人格的塑造。

首先，不听话的孩子很容易“一切以自我为中心”，从而变得自私自利。不听话的孩子，在考虑问题时可能只想着自己的感受，凡事以自我为中心，而很少会顾及别人的感受和想法，自私自利，经常会做出一些不尊重别人、损害别人利益的事情，这对于孩子的健康成长是十分不利的。

其次，不听话的孩子很容易犯错，沾染一些坏习惯。因为不喜欢听别人的话，即使是对于别人正确的意见和建议也是如此，而且还常常会出于逆反心而选择对着干。这样的孩子，犯错的概率就会大大增加，很多不好的习惯也会在不知不觉中形成，缺点也会越来越多，人格也无法得到健全发展。

最后，不听话会使孩子的成长蒙上阴影。不听话的孩子常常会违逆父母的意思，父母督促其好好学习，其反而会不把学习当作自己的事情，偷懒贪玩；父母让其学好，多和优秀的人交往，他们反而会反着干。这样做的后果不仅是丧失很多成长和成功的机会，还会在长期的不良影响中沉沦。

其实，孩子不听话的利弊都还有很多，父母一定要学会科学、合理地看待，这样才能趋利避害，更好地教育孩子。

练好“说话”功，孩子更听话

在家庭教育中，孩子和家长都是主体，良好的家庭教育，需要父母和孩子共同努力，而对于家庭教育中存在的问题，父母和孩子都是有责任的。

孩子不听话，一方面与孩子的成长特点有关。孩子的成长需要经历一个较为漫长的过程，随着年龄的增长，孩子的自我意识逐渐增强，对于独立和自尊的要求也越来越强烈。再加上孩子的心智和思想并不十分成熟，所以就难免犯这样那样的错误，出现种种不听话的情况。这是孩子成长过程中必然会经历的，只是有些孩子表现得明显，有些孩子表现不明显而已。

孩子不听话，另一方面还与家长的教育方式和说话方式密切相关。家长的说话方式欠妥，孩子自然不会听，孩子不听话，家长难免动怒和责骂，这样就很容易使得原本正常的谈话演变为争吵，严重的还会演化为动手动脚等粗暴的方式。另外，一些家长还普遍存在着这样一种心态：只关心自己说了什么，却很少关心孩子听得进什么，更少关心孩子的真实感受和想法。在这样的情境中，又怎么能指望孩子心悦诚服地遵从父母的意见和要求呢？

想教育好孩子，不是只靠良好的愿望就能做到的，在孩子不听话这个问题上，父母也需要跟孩子一起努力，共同填平代沟。

首先，家长应该反思自己平时的行为和说话方式，多学一点说话方式、说话技巧，要根据孩子的特点和具体的语境选择适当的说话方式，学会将话说到孩子的心窝里，让孩子听从，并且自觉地去做，以保证教育的效果。比如在与孩子对话时，父母不能让孩子感受很大的压力，不能因为孩子的任性和犯错就埋怨、责怪孩子，也不能过分迁就孩子，甚至盲目地溺爱孩子。

其次，父母应该多多关心孩子，多与孩子沟通交流，不仅要做孩子的家长和老师，还要做孩子的知心朋友。这样，孩子才可能更愿意在家中诉说自己的心事和感受，才更有利于亲子之间的互动和交流。

在做好了自身的功课之后，家长就需要加强对孩子的教育和引导了。而在这个过程中，当然更需要孩子的配合与努力。只有孩子愿意配合父母的教育，愿意听从父母正确的教诲，虚心接受父母的意见和建议，接受父母的引导和帮助，家庭教育才能顺利地进行。

第一章

美丽语言，搭建孩子成长的阶梯

“你好”“谢谢”“对不起”
——文明用语父母先行

小曦是个活泼好动的孩子，对周围的事物充满好奇心，模仿能力很强。小时候，她虽然不懂事，可总喜欢模仿爸爸妈妈的言行，在之后的成长过程中她的性格、行为习惯等受父母的影响明显。

有一次，小曦爸爸因为孩子在学校说脏话，屡教不改而被班主任请去谈话。回来之后，爸爸十分恼火，严厉地对小曦说：“你这个孩子，从小就不学好，怎么能随便骂人，对待师长一点都不讲礼貌呢？”

“你们平时不也是如此，我是和你们学的！”小曦反驳说。

“学我们的？你给我说清楚！”

“就是啊，你们平时不也总是不尊敬爷爷奶奶吗？你们平时不也因为一点小事而骂人吗？昨天晚上你和妈妈商量与人合作做生意的事情，还口口声声说别人是‘傻瓜’呢？”

听了小曦的话语，爸爸的脸红了，他没想到父母平时的言行会对孩子产生这样严重的影响，不免有些后悔往日的所作所为了。

有话要说

孟德斯鸠说：“礼貌使有礼貌的人喜悦，也使那些受人以礼貌相待的人们喜悦。”文明的语言，礼貌的举止能够体现一个人的内涵和修养，也有助于一个人的健康成长和事业进步。没有修养、不懂得文明礼貌既会伤害到他人，也会毁坏自己的形象，这样的人是无法获得别人的尊重和认可的。

在生活中我们会发现，凡是待人周到谦和的孩子，往往更容易赢得机会。而这些待人友善的处世本领，都需要从小培养，从小事着手培养，这就需要父母长期的熏陶和教育。

父母是孩子最亲近的人，是离孩子最近的榜样，父母的所作所为容易被孩子认为是天然合理的，容易被孩子学习和模仿，所以要想教育好孩子，父母应该先注意自己的形象，做好模范带头作用。具体来说，想要培养孩子讲究文明礼貌的习惯，父母需要注意：

首先，改变自己对孩子的教育方式。父母在教育孩子时应尽量采取启发和开导的方式，多讲点道理少点责骂。要知道，治理洪水的方式是“疏”，而不是“堵”，教育孩子也一样。比如孩子看到长辈不打招呼，你不能当众就训斥孩子，可以回家教育孩子说：“刚才看到的那位是妈妈的朋友，你应该叫叔叔，以后见到叔叔了要主动打个招呼，这样别人才会更喜欢你哦！”

其次，父母要以身作则。父母在教育孩子时应该严格要求，同时要以身作则。父母可以与孩子谈心，明确告诉他们哪些言行是文明礼貌的、哪些言行是粗鲁无礼的，教给孩子一些常用的文明用语和具体做法。同时，要求孩子做到的事情，父母同样要严格遵守，给孩子做好示范。

最后，多给孩子一些与人交流和沟通的就会，并且及时纠正孩子的不良行为。有时候孩子见人木讷扭捏，常给人一种没有礼貌的感觉，其实这可能跟孩子的性格、缺少交往的机会有关。如果父母能多给孩子创造一些机会，孩子懂得怎样与人相处了，就会变得更有礼貌。另外，在孩子与人交往的过程中，难免会出现一些不文明的行为，此时父母应该多多指导和教育，帮助孩子努力改正这些不好的习惯，变得懂礼貌、讲礼仪。

文明礼貌的问题看起来很简单，但却是孩子品德教养修炼的基础。做好了这些，才有利于孩子健全人格的培养和塑造，促进孩子的健康成长。

说话演练场

小敏的父母一心想把女儿培养成端庄贤惠的淑女，所以对于女儿有着较高的礼仪要求。可是，父母对于自己的要求却似乎没有这么严格，小敏对此感到疑惑和不满。

有一次，妈妈带着小敏去商场逛街，因为是节假日，商场里的人非常多。有一个叔叔不小心踩了妈妈的脚，妈妈就大叫了起来，说："你这人没长眼睛啊！"在那人道歉之后，妈妈仍旧数落了他几句。

"妈，你不是说为人应该讲究礼仪和形象的吗？可你刚才的行为好像不怎么有风度哦！"

面对这种场景，你可能会这么对孩子说：

"你还是个孩子，妈妈当然要这样要求你，要不，你从小就不学好，长大还得了！"

会"说话"的父母这样说：

"嗯，是的，妈妈刚才的行为是没什么风度，是妈妈不对，怎么一不小心就成了反面教材，你可不要学啊，妈妈以后肯定改。"

“每个人都会犯错”
——引导孩子学会理解和宽容

齐齐是某市一所重点中学的学生，他们学校采用的是全封闭式管理。齐齐性格开朗，和舍友们的关系还算比较融洽。周末在家的时候还会跟爸爸妈妈说起学校的故事，经常说得眉飞色舞。

一个周末，齐齐放假回家了。爸爸主动问：“儿子，这个星期过得怎么样？和同学们相处还愉快吗？”

“呃，有些不开心，我和舍友小宁闹矛盾了，他实在是太自私了。”齐齐答道。

“怎么了，有什么事可以跟爸爸说说。”

“我们舍友以前关系特别好，平时大家都是互帮互助，一起分享的，有段时间小宁的生活费紧张，我们还经常请他吃饭呢！可是最近我发现小宁实在是一个小气的人。他学习成绩好，作业总是我们几个中最快完成的，可当我们向他请教数学难题时，他总是说自己不会，其实他本来是会的，只是不愿意给我们解答，真自私。”齐齐一口气说了很多。

“原来是这样啊，孩子，爸爸也觉得小宁在这件事上是有些自私了，但是他可能也有自己的一些理由，而且每个人都会犯错，我们待人应该宽容，多体谅一下别人。”听了爸爸的话，齐齐的情绪平静了不少。

有话要说

身为父母，不仅要关心孩子的身体健康，更要关注孩子的心灵成长。在生活中经常对孩子进行宽容教育就是父母应该做的功课之一。宽容是一种十分珍贵的品质，主要表现为对别人行为的体谅和对过错的原谅。这种感情对孩子个性的健康发展和人际关系尤为重要。缺少宽容之心的人由于不能用心来感受别人的需要，往往在人群当中得不到认同。

现在的孩子大多数都是独生子女，是家里的掌上明珠，万千宠爱还都不够，如果孩子在外面受了委屈，一些家长就会心疼得不得了，有些家长还会给孩子灌输这样的思想：“别人要是对不起你，你就不要对得起他。别人打你，你就打他。”这对于孩子的健康成长其实是十分有害的。如果只是教孩子睁着眼睛向外看，孩子就不会懂得反思自己，可能就会变成一个自私而不通情理的人，这样的人是难以建立良好的人际关系的。

父母在平时应该教孩子学会理解和宽容，告诉孩子“严于律己，宽以待人”“己所不欲，勿施于人”等正确的为人处世道理，为孩子的人生树立正确的方向。具体来说，父母可以注意这几点：

首先，父母要为孩子树立榜样。父母是孩子的第一任老师。孩子最初都是从父母那里学习待人接物的。如果父母对人的态度宽容大度，与邻里同事之间融洽相处，孩子就会学着父母的样子处理与同学之间的关系。

其次，让孩子学会站在他人的角度思考问题，多多理解和宽容他人。父母应该告诉孩子，生活中难免与别人发生矛盾，当双方产生矛盾的时候，要能够站在对方的角度，设身处地地体谅对方的心情。如果体谅到对方的难处，就会减少很多不必要的矛盾。当孩子与别人发生冲突的时候，就要引导孩子做这种“心理换位”。

再次，教孩子理解他人的缺点。每个人都有缺点和不足，完全没有必要求全责备，父母应该教育孩子学会宽容和谅解，在理解和原谅别人的同时，其实也是在修炼自己的品行，更能为自己增添一份好心情。当然，教孩子多宽容别人并不是混淆孩子的判断力，宽容也不是对人妥协。对于有些行为不好的同学，告诉孩子对他们敬而远之就可以了，重要的是把他们当成一面镜子，看看自己是不是也有这样的缺点才最重要。

最后，鼓励孩子多与同伴交往，让孩子在实践中得到锻炼和提升。在孩子与同伴交往的过程中，父母要特别注意引导孩子，让孩子不嫉妒比自己强的同学，不嘲弄比自己差的同学，不故意为难自己的竞争对手。而是向优秀的同学学习，帮助不如自己的同学，与竞争的对手合作。通过这样的交往实践，孩子才能更好地体会宽容的意义，分享别人的成功，获得成长的乐趣，也赢得友谊。

说话演练场

文文是一名小学五年级的女孩，为人比较胆小，动不动就喜欢哭，平日里爸爸妈妈对她呵护有加，很少会让她受到委屈。

在暑假的一天，文文和爸爸妈妈跟随一个旅行团到云南旅游。他们在一个度假村游玩时，导游由于粗心，没有及时通知文文一家人第二天游玩的时间和具体路线，害得他们一家在酒店等了很久，等导游想起来之后已经过了几个小时了。

在看到导游之后，文文非常生气，在爸爸妈妈还没有说话之前她开口了："我们已经在这里等了很久了，你怎么能把我们丢在这里呢？真是不负责任！"显然，她已经急得想哭了。

"对不起，真是对不起，是我工作疏忽了！"

面对这种场景，你可能会这么对孩子说：

"你看，孩子都要被吓哭了，你这个导游也真是的，这么没有责任心，浪费我们的时间，我要投诉！"

会“说话”的父母这样说：

“孩子是有些担心，可现在已经不要紧了。我知道，你也因为没有及时通知我们而非常内疚。不过现在都好了，你以后工作的时候多注意点就行。”

“每天都要笑一笑”
——培养孩子的阳光心态

韩国18岁少女喜儿弹奏的钢琴曲非常动听，吸引了不少听众。

喜儿的双腿比正常人短，而且每只手上只有两根手指头。她并不聪明，只有7岁小孩的智力，但这个少女却总能面带微笑和别人交流。在她看来，正是因为自己只有4根手指头，所以很多人才喜欢听她演奏，她觉得幸福极了，而她的这种健康心态源于她有一位好妈妈。

小时候，喜儿也曾经这样问过妈妈：“妈妈，我怎么觉得自己的手跟别人的不一样？”

“是的，是有些不一样。妈妈很喜欢你的小手，如果咱们能换换就好了！”

“不，我不换！我也很喜欢。”每次，喜儿都会这么回答。

喜儿的妈妈丝毫不在意别人对喜儿的评价，她总是不停地告诉喜儿：“你的手指是世界上最漂亮的手指。”

正是因为妈妈始终鼓励喜儿，以良好的心态影响和帮助喜儿，喜儿渐渐地忘记了自己的缺陷，始终乐观积极地面对生活，最终在钢琴演奏方面有所造诣。

有话要说

在喜儿的成长过程中，妈妈传递给喜儿的不仅仅是一种快乐的情绪，更是一种积极的快乐的生存态度。正是在妈妈的影响和帮助下，喜儿学会乐观地面对生活，演绎出了自己的精彩。

孩提时代，理应是一个充满梦想和快乐的时代。父母要做的不仅是要帮助孩子学习知识，更应该让孩子不断地感受幸福和快乐，培养孩子的良好心态。良好的心态是一生的财富，拥有好心态的人更容易以轻松的心情来迎接未来的挑战，心态好的人更容易以理智的方法来解决问题。生活中，父母可以多注意这些：

首先，父母要注意培养孩子对快乐的感知能力，让孩子有机会享受“不受限制”的快乐。在每一件小事上，父母都可以询问孩子的感觉，高兴不高兴，为什么等，同时，父母也可以把自己的体验告诉孩子。此外，父母还应该学会理解孩子，多给孩子一些享受快乐的空间。如当孩子表现不佳的时候，父母不要马上训斥孩子，而是宽容地对待，体谅孩子的行为，之后再委婉地进行批评教育。当孩子遇到困难的时候，父母可以用积极的话语鼓励和安慰孩子，培养孩子的良好心态，让孩子学会正确地面对逆境。

其次，不苛求孩子，而是尽量多给孩子表现的机会。孩子毕竟是孩子，各方面的能力有限，总有这样或者那样的不足，父母不可过于追求完美，要尊重孩子，多从孩子的角度思考问题。另外，每一个孩子都有自己独特的天才和技能，展示这些能给他们带来极大的喜悦，所以当孩子渴望表现的时候，父母应该多多培养，并适当帮孩子制造表现的机会。

最后，教孩子调整心理状态。父母可以告诉孩子前途总是光明的，使他在恢复快乐心情的环境中寻找安慰，积极调整好心态。那些总是保持快乐的人，并不是永远都心态很好的人，而是特别善于调整心态的人。

说话演练场

林克是一个有些内向的孩子，他看起来很不自信，而且平时也很少与人交流。可他的内心却十分要强，凡事都想超越别人，在比赛中也总想着取胜，一旦失败之后，总会发脾气。

有一天放学后，他很不高兴地回到家里。爸爸见了，就问：“怎么了，儿子？有什么不开心的事情？”

“别吵我，烦着呢！今天体育课上和同学跑步比赛，可我输了，其实我的实力本来比他强很多的，只是出了些小意外，真不甘心啊，怎么会输给他呢？同学们好像都在笑话我呢！”

面对这种场景，你可能会这么对孩子说：

“真活该，谁叫你不好好跑，现在还好意思说？”

会“说话”的父母这样说：

“孩子，其实比赛的结果并没有你想的那么重要，而且，同学们也不会因此就笑话你！生活中难免会遇到困难，只有学会乐观面对，积极解决，我们才能过得开心！”

“很高兴你以后想当老师”
——鼓励并支持孩子的理想

有一个人在读小学六年级的时候，因为考试成绩好而得到老师的奖励——一本世界地图册。回到家之后，他一边帮家人烧水，一边看地图。当看到埃及地图的时候，他想到了埃及的金字塔、埃及艳后、尼罗河等众多令人着迷的东西，心想长大以后有机会一定要去埃及，去体味一下那里的神奇和美妙。因为过于着迷，他竟然把烧水的事情给忘记了。

妈妈见此情景，怒气冲冲地对他说：“你在干什么？”

“我在看地图！”他看到是妈妈，便回答说。

“水都开了，看什么地图！“妈妈显然更生气了。

“我在看埃及的地图。”他回答。

“赶快把水拿下来！看什么埃及地图？你这辈子都不可能到那么遥远的地方去！快点吧！整天想入非非，你以为想怎么样就能怎么样呀。”说完，妈妈还踢了他的屁股一脚。

在此后的成长过程中，这个孩子一直记得这天的情景，却始终没有放弃去埃及的梦想。20年后，他第一次出国就去了埃及，而且还坐在埃及金字塔前面的台阶上，寄了一张明信片给他妈妈，上面写道："亲爱的妈妈，我现在在埃及的金字塔前面给你写信，记得小时候，你打我两个耳光，还踢我一脚，说我肯定不能到这么远的地方来吗？现在我就坐在这里——埃及金字塔前面给你写信。"

有话要说

喜欢做梦和幻想是孩子的天性，许多孩子常常会有一个稀奇古怪的梦想，当然，孩子也有一些有可能成为现实的理想，比如想要成为一名教师，想当科学家，将来能有所成就，等等。虽然孩子的理想并不是所有的都能马上实现，但不敢拥有梦想就永远不能实现。

科学家的一项调查研究发现，拥有梦想的孩子今后更有希望大鹏展翅，成功的概率更大；没有梦想的孩子也许会循规蹈矩，甚至保守终生。中国有句俗话说，心有多大，舞台就有多大。梦想决定着人生的成就，理想是个人奋斗进取的动力，每个孩子都应该有自己的梦想和理想。

对于孩子来说，任何一个理想或梦想都是宝贵的、值得称赞的。当孩子放飞梦想，说出自己的理想时，父母细心呵护，给予鼓励和支持，并引导和帮助孩子将之转化为现实。父母在孩子的生命中，充当的角色不是去粉碎孩子的梦想，而是给予他们梦想。如果不能给予孩子梦想，那至少应该支持他们完成梦想。在生活中，父母可以试着采纳如下的一些建议：

首先，鼓励孩子根据自己的实际条件和社会需求确定合理的理想。孩子正处于想象力丰富的年龄，每天总会有这样那样的新想法，也会有各种各样的理想，如读了某位科学家的传记，就想当科学家；觉得世界冠军了不起，将来也想成为体育健将；看到当老师光荣，就又想做老师……对于孩子的新奇想法和诸多理想，家长千万不要泼冷水，更不要去嘲讽，而要不断地去启发引导，让孩子明白，有理想和目标是好事，但理想并不是随便想想和说说就能实现的，而通常会受到社会政治、经济和个人的自身素质的制约。只有那些与自己的实际情况和社会状况相符合的理想，通过个人的努力去行动和实践，才能有可能成真。

其次，支持孩子的理想，并且给予引导和帮助。孩子的能力毕竟有限，在追求理想的过程中难免会遇到一些困难，此时父母应该多多鼓励和帮助，切忌讽刺、挖苦。在生活中，当孩子说出自己的理想时，父母应该给予一颗呵护的心和一双保护的手；当孩子灰心失望的时候，父母可以告诉他，实现理想不会总是一帆风顺，会遇到各种困难，有理想就应该坚持在任何情况下都对自己说“我能行”；当孩子感到迷茫的时候，父母可以为孩子指引正确的前进方向，帮助孩子走出困境。

总之，父母要做的，就是呵护孩子的梦想，支持孩子对梦想的追求，而不是为了给孩子一个中规中矩的生活，限定了孩子的人生。

说话演练场

华华已经上小学五年级了，自我意识逐渐增强，凡事也都有自己的想法。一天晚上，他和爸爸一起看电视，电视讲的是一个有关律师与法治的故事。华华看到荧屏上的一位律师很有威严和气派，在法庭上表现镇定自如，说起话来滔滔不绝，一会儿引经据典，一会儿举例说明，引得人们纷纷喝彩，他也生出了崇敬之情，说：

“爸爸，这位律师真牛，是我的偶像！我以后也要做律师，成为像他一样的人！”

听完儿子的话，爸爸的表现有些诧异，他看了看儿子，因为他知道，儿子向来内敛，口才也不怎么好，可没想到儿子居然有这样的理想。

面对这种场景，你可能会这么对孩子说：

“做人要有自知之明，你性格内向，而且口才也不好，怎么能做律师呢？”

会“说话”的父母这样说：

“有这样的理想好是好，可你从小就不怎么喜欢与人交流，而且，当律师必须熟悉很多法律法规，许多条文都必须背得滚瓜烂熟。爸爸很支持你的梦想，但如果你想当律师，从现在起就应该每天勤学苦练了。”

“学会自制是对自己负责的表现”
——努力培养孩子的自制力

帅帅的妈妈在教育儿子时很开明，她觉得只要孩子能健康成长，也没必要对他管得那么严格。可最近，她觉得儿子越来越难管了，她要求儿子做的事情，儿子总是找各种理由拒绝，而且还振振有词。

有一天下班回家，帅帅妈妈看到儿子在上网，知道儿子又没写作业，说：“儿子，快去，先把作业做完再上网。”

“你不是说做人不能太教条吗？我学习了一天，就让我先玩半个小时吧，待会儿做作业也是一样的。”

妈妈觉得儿子说得也有几分道理，于是说：“好吧，就半个小时。”

可半个小时之后，帅帅还是坐在那里，而且耍赖说：“再玩半个小时，这次我保证！”

妈妈有些生气了，她觉得不能再这样纵容儿子，于是说：“你不是说半个小时后就去写作业吗？现在是做作业的时间了。一个人遵守承诺，自觉约束自己的行为，是对自己负责的表现，我们每个人都应该学会自制，学会对自己负责。”

说完，妈妈就把电脑给关了，帅帅也从妈妈的话语中受到了启发，乖乖写作业去了。

有话要说

贪玩是孩子的天性，很多孩子都会因为抵挡不住“玩”的诱惑而沉迷其中，以致耽误了学习。如果父母不能及时对孩子的失当行为进行约束和教育，培养孩子的自制力，帮助孩子养成良好的习惯，孩子可能在成长的道路上越走越偏，最终影响以后的发展。

良好的自制力是孩子掌控好人生发展方向，合理安排生活和学习的重要条件，也是对自己负责的表现，一个拥有自制力的孩子更容易收获成功和满足。而缺乏自制力，常常会使孩子在诱惑面前变得不堪一击，不仅会造成家长时间和金钱上的浪费、影响预设目标的达成，而且可能会严重扰乱孩子人格的发展，增添家长的烦恼和悔恨。因此，在家庭教育中，父母应该将孩子自控力的培养置于重要地位，从小培养孩子懂得自制。在这一点上，父母可以参考一下这些意见：

首先，父母应该意识到培养孩子自制品格的重要性，学会通过“延迟满足”练习来培养孩子的自制力。在教育孩子的过程中，父母所秉持的教育观念很重要，只有父母的教育观念正确而先进，孩子才能受到好的影响和教育，反之亦然。

所以想要教育好孩子，父母应该先加强自身的学习意识，坚持正确的教育观。

在家庭教育中，如果孩子想要什么，父母就立即满足，孩子会形成这样一种观念：自己想要的东西总是能够很轻易地得到。久而久之，这会导致孩子越来越任性、贪心，急功近利。为了避免这种情况的发生，父母应该让孩子多进行“延迟满足”练习。所谓“延迟满足”是指甘愿放弃即时满足的抉择取向，去等待一种更有价值的长远结果，而“延迟满足”练习用我们平常的话来说，就是忍耐力和自制力方面的练习。比如，当孩子想要某样东西的时候，父母可以不立即满足他，而先教孩子学会耐心等待，或者对孩子提出一些要求，等孩子做到了自己所说的或是达到了要求时，父母再去满足他。通过“延迟满足”练习，父母应该让孩子明白，他并不是世界的中心，很多时候必须学会等待和控制自己的情绪及行为，自己才可能实现愿望，得到自己想要的东西。

其次，父母在平时可以适当地给孩子制定一些规矩，当孩子违反规定时要坚决说“不”，并给予孩子以一定的惩罚。“无规矩不成方圆”，父母要把孩子培养成为有自制力，懂得为自己行为负责的人，不仅要给孩子讲道理，还应该针对孩子的具体情况，给其制定一些符合于其年龄特点和性格特征的规矩，或者和孩子共同商量制定规矩，之后鼓励孩子认真遵守和执行。当孩子违反了规定或者提出一些不合理的要求时，父母应该坚决说“不”并及时制止，在拒绝孩子后将理由明确地说给孩子听。当发现孩子违反了规定时，父母也可以进行言语上的告诫和教育，并适当地采取一些惩罚措施，从而让孩子记住教训，努力改正。

此外，帮孩子制定一些学习计划表、零用钱管理办法、日常时间安排表也不失为培养孩子自制力的好方法，父母可以酌情选用。

说话演练场

小影聪明伶俐，可就是贪玩，上六年级了，他还每天总想着玩。每天放学后，他总会将自己的课外生活安排得非常紧凑：先是和几个同学一起到操场去踢一个小时的球，回家后便是看自己喜欢的动画片，等爸爸妈妈回来之后才开始写作业，草草写完作业之后就可以吃饭、上网了……至于他的周末时间，几乎也全部用在了玩上。

临近考试的那个周末，小影本来有很多作业要做，可是，他一大清早刚打完球回来之后，又说要和同学去烧烤。

“昨天你不是说周末有很多作业要做，没什么时间玩吗？”

“是的，作业很多，但是我还是先玩吧，等晚上回来再做作业。”

面对这种场景，你可能会这么对孩子说：

“整天就知道玩，你还想不想读书了？”

会“说话”的父母这样说：

“儿子，妈妈理解你周末想玩的心情，可是你已经是毕业班的学生了，应该懂得适当约束自己的行为，合理安排好时间。只有这样，生活和学习才能两不误。”

“为人要常怀感激之心”
——和孩子一起学习感恩

在力力的父母看来，父母的责任不仅是让孩子拥有一个健康的体魄和激励孩子努力上进，更重要的是让孩子学会做人，培养孩子的良好品格。所以他们平时十分注重对孩子的教育，其中感恩教育就是力力父母非常重视的一个方面。

在力力还小的时候，一天，全家人聚在一起刚吃完饭。

“力力，你知道米是从哪里来的吗？”爸爸问道。

“是从厨房里来的。”

“那厨房里的米又是从哪里来的呢？”

“是从超市里买来的。”

“那超市里的米又是从哪里来的呢？”

“从加工厂里来的。”

“加工厂怎样才能得到米呢？”

“农民种出来的。”

“是的”爸爸继续说道，“农民伯伯首先要把粮食种出来，然后再由加工厂里的叔叔把这些米脱皮加工，然后再送到市场，爸爸妈妈再从市场把这些米买来，做熟了，才是你现在吃的米饭。”

从这之后，力力明白了，这小小的一碗米饭，是无数人辛劳的结晶，所以在每次吃饭时他总是心怀感恩之心。而且经过父母的进一步教育，力力还由此想到了生活中许许多多应该感恩的人和事。

有话要说

现在不少父母都把孩子当作家里的小皇帝、掌上明珠一样宠爱，不忍心让孩子吃一点点苦，受一点点委屈，而祖辈们对孩子更是百依百顺、有求必应。在这样的环境中长大，不少孩子认为父母的付出是理所当然，根本意识不到这是父母的恩情，更不要说有感恩之心了。

家庭是一个小团体，而社会则是一个大集体，如果孩子没有一颗感恩的心，就看不到别人的付出，不仅视父母对他们的关爱为理所当然，而且对他人给予的帮助也满不在乎，这样的孩子人格是很不健全的，将来在为人处世方面也会遇到诸多问题。上述例子中的力力父母就清醒地意识到培养孩子感恩之心的重要性，并能抓住教育的时机，告诉孩子即便是很微不足道的东西也是要经过无数人的努力才能换来。在这样的引导和教育下，力力不仅学会了感谢爸爸妈妈做饭给他吃，还会感激所有参与劳动的叔叔阿姨。将这一颗感恩的心放大，力力学会了感恩身边所有的人，这就是对孩子进行感恩教育的良好方式之一。

知恩感恩是中华民族的传统美德之一，也是孩子健康成长、收获成功的重要条件之一。缺乏感恩意识的孩子，无论能力多么出色，都难以成为真正意义上的强者，因为社会难以接受和认可不知道感恩的人。父母要想把自己的孩子培养成为一个人才，必须培养他们的感恩意识，感恩父母、感恩社会、感恩大自然，感恩每一个人。

首先，父母应该为孩子做好榜样，平时可以加强对于孩子的感恩教育。身教的力量远远大于言教，有怎样的父母就会培养出怎样的孩子。想要孩子学会感恩，父母应该以身作则，自己先懂得感恩，并在平时的生活中熏陶和引导孩子。无数的事实证明，那些尊重和孝敬老人的父母更能培养出懂得感激长辈养育之恩的孩子，那些时刻心怀感恩之心的父母更能教导出有爱心、懂得关怀和感激别人的孩子。

其次，父母应该给孩子以成长的机会和回报的空间，多多肯定和鼓励孩子的感恩行为。父母的引导和鼓励是孩子成长的良药，父母的肯定和表扬能强化孩子的良好行为习惯，想让孩子懂得感恩，父母应该多多发挥这些方法的作用。比如，当孩子想要帮你做事情的时候，父母一定不要再说你把书读好就行了，而应该表示感谢并支持孩子的行为；当孩子践行感恩，积极帮助别人的时候，父母应该表扬孩子的行为，让孩子在帮助别人的过程中体会感恩的快乐；平时生活中，父母可以经常告诉孩子，要永远记住帮助过你的人，更重要的是要像他们一样，在别人需要帮助的时候挺身而出，等等。

说话演练场

小辉是老师和同学们眼中的好学生，他不仅学习成绩优秀，而且其他各方面的能力都很强。可是，他在家里的表现就没有这么好了。在家里，父母对他呵护备至，爷爷奶奶更是像对待“小皇帝”一样娇惯他，他也因此变得任性，经常无理取闹。

一天，他和奶奶刚从超市购物回来，奶奶手里拎着大包小包的东西，可他却两手空空。进到屋里，他也没有帮奶奶接一下东西的意思，就自个儿坐下喝起饮料来，奶奶却在一旁累得直喘气。

这一情景正好被刚下班的妈妈看到了。

面对这种场景，你可能会这么对孩子说：

“怎么整天就知道出去玩，还不快去写作业。”

会“说话”的父母这样说：

“小辉，奶奶年纪大了，你跟她一起去购物怎么也不帮忙啊？奶奶养育了爸爸，现在又把你照顾得这么好，好孩子应该学会感恩哦！”

“你很聪明，可以自己先想想”
——鼓励孩子学会思考

小迅从小跟着爷爷奶奶生活在乡下，两位老人将她视为掌上明珠，像对待公主一样宠爱着她。什么事情总是先为她考虑，什么活儿也不让她干，甚至遇到事情都不用她动脑筋，爷爷奶奶都为她想好了。后来，小迅被爸爸妈妈接来城里一起生活，由于已经对大人依赖惯了，小迅凡事都喜欢有人代劳，自己遇到事情不喜欢思考。

“妈妈，老师布置我们写一篇参观游记，可我不知道从哪着手，怎么办？”

“妈妈，周末的兴趣班九点开始，我应该什么时候起床，什么时候出发啊？”

“爸爸，我又遇到麻烦了，你帮我想一下吧。”

……

每天，小迅都会提出各种各样的问题，希望爸爸妈妈能帮助他解决。可是父母却不希望孩子这样，他们想要孩子学会独立思考和应对问题，所以就总是鼓励孩子说："宝贝，你很聪明，自己想想你就会有主意了！""你是个机灵懂事的孩子，自己的事情自己拿主意吧，我相信你的判断能力！"起初，小迅很不喜欢父母的这些做法，可后来，她渐渐习惯了，遇事学会了不再依赖大人，而是自己思考和拿主意。

有话要说

独立思考的能力是一个孩子走向成功最重要的品质，也是成功人士的必备素质。许多教育学家认为，无论是在家庭教育还是学校中，都应该充分重视培养孩子的独立思考能力，因为这往往比学习和掌握知识更重要。

一个具有独立思考能力的人，一个具有创造性的人，也定会是个成功的人；而同样，有志成功的人，应该有着独立思考的习惯。只有学会独立思考和处事，才有可能更好地迎接挑战，走向成功。所以，想要帮助孩子茁壮成长，引导孩子迈向成功，父母应该学会引导孩子学会独立思考和独立处事，针对孩子日常碰到的一些问题，帮助他思考，启发他通过思考了解周围复杂的环境，帮助孩子掌握一些科学的思维方法。具体来说，父母可以多多注意如下方面：

首先，创造良好的家庭思考环境。孩子良好习惯的养成与家庭环境密切相关，想要引导孩子学会独立思考，父母可以从创设良好的家庭环境入手，让孩子在熏陶和引导中学会自觉思考问题。如父母可以通过给孩子朗诵诗词、讲解故事等方式引起孩子的兴趣，然后针对作品中的一些情境和问题向孩子提问，鼓励孩子自己思考。另外，父母在日常生活中还可以在与孩子看电视、陪孩子玩游戏、带领孩子外出参观和游玩等的时候，抓住时机多向孩子提问、多鼓励孩子思考，以此激活孩子的头脑，帮助孩子培养边学习边思考、边游戏边思考的良好习惯。

其次，做父母的应该学会打破传统观念，多多学习新知识。人类处于不断进步的过程中，知识也是在不断更新的。父母不仅要关心孩子的学习，自己也要不断汲取新知识，跟上时代的步伐。在教育孩子的过程中，父母应该意识到，孩子很少受传统观念的束缚，更敏锐于对“从来如此”的事情提出质疑，此时父母要做的不是呵斥和指责孩子的行为，而是应该鼓励孩子始终保持大胆质疑、勤奋探索的习惯，让孩子学会自己开动脑筋去思索和解答。独立思考是一个人成功的最重要、最基本的思维品质，让孩子从小培养这种习惯对于其以后的成长将是非常有利的。

善于思考会让一个人的生活和工作更加丰富多彩，会令一个人更容易收获成功，是孩子健康成长中不可或缺的一部分。父母一定要好好引导和教育，帮助孩子培养这一良好习惯。

说话演练场

西西是一个乖巧伶俐的孩子，可就是被长辈们惯坏了，遇到事情总是希望能得到别人的帮助，自己不喜欢动脑筋思考，依赖心理特别强。

有一天放学后，她在写数学作业的时候被一道数学题难住了，不知道该如何解答，所以就对在厨房的妈妈嚷道："妈妈，妈妈，你快过来看看，这道题目这么难，我怎么也不会啊！"

妈妈听了，赶紧放下手中的活儿，跑到西西的书桌前，问："怎么了，女儿？什么难题？"

"你看看这道题目，我不会啊！"

妈妈仔细一看，发现这道题其实很简单，如果女儿稍微思考一下，应该就可以自己解决了。

面对这种场景，你可能会这么对孩子说：

"这么简单的题都不会，你看着，妈妈给你解答，你把妈妈解答的过程抄下来就好了。"

会"说话"的父母这样说：

"宝贝，你很聪明，再动动脑筋，相信你一定能消灭这个'拦路虎'。妈妈先在一旁看着你解答，一会儿实在不会，妈妈再出手帮忙！"

第二章

谈话有智慧，说得多不如说得妙

“我来给你讲个故事”
——巧借故事引导孩子

沐沐活泼好动，很喜欢思考问题，可就是不怎么讲卫生，待人接物也没有礼貌。妈妈平时也没少给他讲道理，可沐沐一点都听不进去，有时还会故意和妈妈对着干。

有一天，沐沐和爸爸妈妈走在路上，遇到了沐沐的数学老师，沐沐立即把脸转向一边，装作没有看见。之后，妈妈对沐沐说：“你明明看到老师了，怎么不打招呼啊？”

“我不喜欢他，所以不想跟他打招呼！”

“你这孩子怎么能这样，尊师重教、待人有礼是中华民族的传统美德，我们每一个人都应该继承……”妈妈一口气给孩子讲了不少大道理，可沐沐似乎不领情，对妈妈嚷嚷道：“知道了，你每次都这样！”

爸爸见状，并没有严厉地批评沐沐，也没有继续说大道理，而是给他讲了一个人因为不懂得礼貌、不懂得尊重人而不被大家喜欢，最后只能独自居住在山上的故事。沐沐认真地听着故事，最后他脸红了，向父母承认了错误并表示以后会努力改正。

有话要说

不少父母发现，自己的孩子一到青春期，就变得叛逆且听不进道理和劝告，越是让他这样，他偏要对着干，给他讲道理或者提要求根本就没有用。实际上，孩子的这些表现一方面与其个性和心理发育有关，另一方面还可能是由于父母的教育方式不当而引起的。

每个阶段的孩子都有其成长的特点，年纪尚幼的孩子心智还不成熟，理解能力非常有限，青春期的孩子追求自我和独立，希望能够体现自我意识，而且比较敏感和叛逆。总体来说，无论是哪个阶段的孩子，都不怎么喜欢听空洞的道理，很难接受严厉的说教。年纪小的孩子是因为理解不了这些大道理，而青春期的孩子则是不喜欢这样的交流和教育方式，对于父母经常说理的行为会产生本能的反感和叛逆。

身为父母，在关心孩子、教育孩子的时候一定要掌握孩子的这种心理，多采用孩子喜欢和能接受的方式与其交流，这样才能把话说到孩子的心里，增强教育效果。与空洞的说教相比，在教育孩子时，讲究方法或许更可取。针对孩子存在的一些问题，根据具体的语境，说一些孩子喜欢听的故事不失为一种很好的教育方式。孩子一般都喜欢听故事，故事有趣生动，更容易吸引孩子的注意力，激起孩子的兴趣。故事中蕴涵的道理深刻而形象，能给予孩子启发和引导，也更容易被孩子接受和理解。因此，父母在平时可以多陪陪孩子，利用空闲时间给孩子讲一些故事，从故事中汲取营养，改正错误的行为，树立正确的人生观。

首先，父母可以给孩子讲一些优秀人物和英雄楷模的故事，以此教育孩子，指引孩子成长。古往今来的科学家、艺术家、思想家对真理的追求，对事业的献身以及这些人物在奋斗进取、战胜挫折等方面的故事都是很好的选择。

其次，父母可以用一些科学故事和寓言故事激发孩子的好奇心，引起孩子对于学习、探索和思考的兴趣，或是加强孩子对于某一些问题的思考和研究，激励孩子积极探索。

最后，当父母发现孩子身上有这样那样的缺点时，可以针对具体的语境，选取一些类似的故事来教育和启发孩子，鼓励孩子在听故事的时候进行思索和反省。

在生活中，运用故事引导和教育孩子的好处很多，只要父母能仔细琢磨和发现，就一定能找出最适合的教育方式，优化教育效果。

说话演练场

在父母和很多同学的眼中，小桦是个不讲卫生、懒惰的孩子，他总是想着各种方法偷懒：每当到了学校规定的劳动时间，小桦总是会装病故意不参加；他的书桌，总是非常乱；

他的衣服，总是弄得很脏而不换洗；在家里，他从不收拾房间，更不用说帮爸爸妈妈打扫卫生了……

“儿子，你的房间又乱又脏，该收拾一下了。”一天晚上，爸爸对小桦说。

“我不觉得乱啊，不就是有些果皮纸屑吗？而且，被子本来每天都要盖，又何必整理呢？”

面对这种场景，你可能会这么对孩子说：

“你真懒，我拿你没办法了，再这样下去，你以后怎么得了哦！”

会“说话”的父母这样说：

“来，儿子，爸爸给你讲个故事吧，话说从前有个小孩，他非常懒惰，从来不干活，就连吃饭也要妈妈喂。后来，妈妈要出远门，因为担心自己的孩子饿着，就做了一个大饼挂在他的脖子上……”

“要是不这么做的话”
——让孩子在对比中领悟道理

肖肖马上就是小学毕业班的学生了，他的其他成绩还可以，就是作文水平欠佳，以致影响了语文成绩。妈妈为此很着急，想让他报名参加暑假的作文班。可是，肖肖并不愿意，他想利用暑假的时间好好玩耍。

“儿子，暑期的作文班马上就要报名了，你想好了没有？”妈妈问。

“嗯，我还在想……”

“我知道你并不乐意参加作文班，你想在暑假好好放松一下，对吧？可是你能听妈妈帮你分析一下参加作文班的好处与坏处，然后再做决定吗？”

肖肖点了点头。

“你马上就要小学毕业了，上作文班，可以帮助你尽快提高写作能力和语文成绩，成绩好了，你会变得更自信，对于你以后的考试也很有帮助……而不利之处在于，为了上课，你就得牺牲一些休息时间，做自己喜欢的事情的时间会少一些……你自己决定吧。”

肖肖认真地想了想，觉得妈妈分析得全面而在理，加上自己班上有很多同学报名参加这个作文班，所以就决定报名了。

有话要说

在孩子成长的过程中，父母不能凡事都替他们规划好，但却可以通过教育让孩子明白事理，不断成长。青春期是孩子成长的关键时期，这一时期的孩子，自我意识和独立性都比较强，往往想要按照自己的意愿去办事而不想被强迫。对于这一年龄段的孩子，父母如果想要求孩子去做某事或者不要做某事，最好不要采用逼迫和命令的方式，因为这样很可能会适得其反。

父母教育孩子的重要原则是要学会把话说到孩子的心窝里，让孩子明白道理，从而自觉接受和服从。然而，孩子的心智还不十分成熟，考虑问题也未必周到，很多时候，孩子并不能完全明白做某件事情的原因和好处，也不明白做某些事情会有怎样的危害和后果，此时就需要父母耐心地给孩子讲道理。但是，讲道理也不是一件简单的事情，切忌空泛说理和说一些孩子根本就不明白的话，想要把话说到孩子的心里，让孩子明白道理，可以在给孩子讲道理的时候，适当地运用正反对比的方式。

运用正反对比的方式给孩子讲道理就是运用比较的方式，先给孩子说做某事或者不做某事的好处与坏处，并在这个过程中，委婉地表达自己赞成什么、反对什么，让孩子能从中悟出道理，并能自主决定该怎么去做。需要注意的是，父母虽然可以把自己的观点暗藏在正反说理中，但却不能太明显，这种说理教育的重点是一定要引导孩子自己分析和判断，在分析做与不做的同时学会趋利避害，做有利于自己成长的事情。在这个过程中，父母需要注意：

首先，在正反对比说理中一定要注意态度和方式，不要让说服变成“说教”或是“压制”。为了达到运用正反对比的教育方式说服孩子的目的，父母应该放弃说教和压制，不给孩子讲空洞的道理，不用强硬的语气或是家长的权威压人，而应学会把道理说得通俗易懂，并尽量贴合孩子的理解方式和认识水平。

其次，在说理时要以孩子为出发点，多给予关爱。在运用对比说理说服孩子的时候，不仅要多寻找充足的证据，灵活运用多种说理方式，使得论证更有说服力，更重要的是，要学会从孩子的角度考虑问题，体现父母的关爱和用心。这样不仅能让孩子在教育中明白事理，学会自己分析和解决问题，积累更多的做事智慧，更能让孩子感受到家庭的温暖。

说话演练场

奇奇和丁丁原来是一对很好的朋友，可最近两人因为一件小事吵架了，他们互相指责，谁也不肯让步。奇奇虽然很珍惜这份友情，想要和好，但却一时放不下面子，于是就把自己的苦恼跟爸爸诉说了。

“爸爸，我最近有些不开心，因为我和好朋友丁丁闹僵了。”

“嗯，我知道了。其实你很想和丁丁和好，是吗？”

“是的，可是在这件事情上我们都有错，最先说不要做好朋友的人是他，如果我先让步，会很没有面子的。”

面对这种场景，你可能会这么对孩子说：

“如果是这样的话，你还是等着他先来道歉吧，你又不是没有其他朋友。”

会“说话”的父母这样说：

“其实，我觉得你先让步也没有什么不好的，如果你这样做了，不仅不算失面子，还能显示你的宽容大度，更重要的是能改善你们的关系，增进友谊。但如果不这样的话，你们两人仍旧会互相埋怨和指责，这么多年的友谊就有可能从此破裂。”

“小猫该去洗澡了”
——使用双关语，让孩子自省

研研家养了一只小花猫，研研非常喜欢这只猫，一放学就抱着猫玩耍，经常弄得全身脏兮兮的。有时候妈妈告诫他要讲究卫生，可他似乎一点都听不进去，有时甚至还会耍脾气。

有一天放学后，研研又带着小猫一起到院子里玩。因为玩得太开心了，他竟然和小猫在院子里的沙堆上打起滚来，结果身上沾满了沙子、泥土和落叶。他回家后，妈妈发现他身上很脏，便问：“你又干什么去了，弄得这么脏？”

“哦，我和小猫在沙堆上玩呢，非常高兴。”

妈妈看了看他，又看了看猫，说：“唉，这只小猫，别人看了一定会喜欢它，如果它洗干净了，就会有更多人喜欢它，你带它去洗洗吧，你自己也顺便洗洗。”

研研听了，觉得妈妈说得很有道理，就乖乖地带着小猫去洗澡了。

有话要说

很多家长常常习惯在孩子犯错的时候直接指出孩子的错误，继而批评教育，这种方式其实是很不可取的。生活中，孩子难免有做错事和表现不佳的时候，此时就需要父母进行教育，帮助改正。但是，孩子和大人一样，也是有自尊心、讲面子的，因此，父母在教育孩子的时候也应该讲究方法和智慧。

如果父母总是直接指出孩子的缺点和不足，或者直接谈论一些会让孩子感到尴尬和羞耻的话题，孩子往往可能会因为要面子，自尊心受挫而觉得难以接受，从而对父母不满，不仅不会听父母的话，甚至还会产生严重的消极情绪，跟父母对着干。如果父母能多了解孩子的这种心理，根据孩子的成长特点适当地运用一些巧妙的方式指出，孩子可能会更容易接受，而在教育孩子时学会运用双关语，让孩子学会自省，不失为很好的方法。

使用一语双关的方式教育孩子就是父母在告诉孩子某个道理，或者要求孩子做某事时，并不需要直接说出要求或者指责孩子，而可以采用迂回的方式，根据当时孩子的表现和特定的语境，从孩子的理解和接受能力出发，用一语双关的方式表达自己的意思，并鼓励孩子自己进行思考和反省。而在具体的运用过程中，父母需要注意：

首先，在使用双关语教育孩子的时候，父母一定要先考虑孩子的理解能力和接受水平，尽量用孩子能听懂的语言来表达，这样才会有效。否则，孩子连字面意思都听不懂，又怎么能领悟深层意思，进而自省和改正呢?

其次，使用双关语教育孩子应该多考虑孩子的感受和收获，其目的在于通过灵活的说理方式，让孩子学会自省，领悟其中的道理。没有哪个孩子是不犯错误的，而且多数孩子对于别人的看法和评价还特别敏感，尤其是来自父母的。所以父母一定要尽量照顾孩子的感受和面子，运用孩子能听懂的双关话语，委婉地指出孩子身上存在的问题，让孩子自己去理解和醒悟，引导孩子改正。

使用双关语，让孩子从中学会自省，进而改正是一种教育孩子很好的方式，父母在平时可以根据情境多多运用。

说话演练场

立立是个要强的孩子，做事情争强好胜，一旦事情稍有不顺，便焦虑不安。

有一段时间，为了能在不久之后的英语竞赛中取得好成绩，她每天都认真努力地学习，放弃了很多课余休息时间，有时甚至会废寝忘食地学习。妈妈知道，她一心要考得好成绩，以此证明自己的能力，可又担心长期这样下去，孩子的身体会受不了。

一天，妈妈关切地说：“女儿最近学习很认真啊，值得表扬！”

“嗯，我们不久要举办一次英语竞赛，老师说考好了能代表学校去北京参加交流活动，而且还有丰厚的奖励。我英语一直不错，怎么能错过这次机会呢？但是，我坚持了一段时间，觉得有些力不从心了，而且越想越紧张……”

面对这种场景，你可能会这么对孩子说：

“真是个上进的孩子，继续努力吧，一定要考好哦！”

会“说话”的父母这样说：

“你这么努力，想要取得好成绩，妈妈很高兴，可是，学习也要注意劳逸结合啊。学习不能速成，要想考得好，不仅靠平时努力，还得保持好心态，不然，很容易烤（考）焦的哦！”

“你们老师跟我说过”
——借人之口，表己之意

工读小学五年级的小影从小就比较任性，在家里向来是说一不二的，家长们都觉得她很难管教。可是，平时任性的小影却很喜欢王老师，也十分听她的话。后来，小影妈妈就由此想到了一个让小影听话的好方法。

有一段时间，小影经常因为看电视而很晚睡觉。

“小影，时间不早了，快点去睡觉吧！”妈妈催促说。

“嗯，好，等一会儿。”小影应道。

“已经等了很久了，你怎么还不去啊？”妈妈有些不耐烦了。

“我说等会儿就等会儿，你不要再啰唆了嘛。”

妈妈想了想，说：“我今天遇到你们王老师了，她说发现你最近上课精神不太好，好像是休息不够哦！她还说，小孩子正是长身体的时候，如果睡不好，会影响以后的发育，这样以后在学习上也会觉得很吃力……”

一听是自己喜欢的王老师说的话，小影就觉得很有道理，于是马上关了电视，乖乖睡觉去了。

有话要说

偶像崇拜，已成为时下青少年群体一个普遍而又引人注目的现象。很多孩子都有自己崇拜的偶像或是非常喜欢的人，相比于听从父母的话，孩子更愿意按照自己喜欢或崇拜的人的要求去做事，或是模仿偶像的行为去做事。所以父母在教育孩子的过程中，遇到孩子不听话的情况，可以借别人之口，来对孩子进行说理教育。上述例子中的小影妈妈就很好地运用了这一方法，她抓住小影因崇拜王老师而听其话的关键点，成功地说服了小影早点睡觉。

生活中，不少父母都发现孩子在家不怎么听自己的话、很难管教，可是对于有些他（她）崇拜或喜欢的人的话语却言听计从。这其实是因为孩子对于喜欢或者崇拜的人有较深的感情，对于这个人十分信赖并发自内心地敬佩，从内心深处想要向其学习和靠拢。

在教育孩子时，如果遇到孩子听不进父母的正确意见和道理但却很听某些偶像的话时，父母就可以尝试着用这个人的语气来跟孩子交流和说理，从孩子喜欢或崇拜的人的角度出发来对孩子提出要求，表达自己的意思，使孩子乖乖听话，这也是很有效的一种教育方式。在具体的操作过程中，父母可以参考如下的一些建议：

首先，父母平时应该关心孩子，多与孩子交流，及时了解孩子的想法。想要洞悉孩子的心理，灵活地运用借人之口表达自己要求的方式，父母首先应该了解孩子的所思所想，知道孩子平时喜欢和崇拜什么人，比较愿意听从谁的劝告，孩子更容易接受的教育方式是什么。只有做好了这些准备工作，才能对症下药，取得良好的教育效果。

其次，父母在运用这一方式的时候也要注意说理的准确性，要让孩子信服。青春期的孩子已经具备了一定的识别和判断能力，虽然对于某些人的话特别容易信服，但也不会不明所以地盲从。因此，父母在借人之口来表达自己的意思时，也应该说理充分，这样才能真正让孩子信服和听从。

还有一点需要注意，父母在运用借人之口表己之意这一方式的时候应该适度，不能随意使用，否则会适得其反，失去效用。

说话演练场

飞飞一直很崇拜自己的爸爸，他觉得爸爸不仅帅气魁梧，而且还智慧过人，无所不知，总能在自己遇到困难的时候帮助自己，所以他在家非常听爸爸的话。可有一次，爸爸要出差一个月，因为爸爸不在家，飞飞变得调皮起来，晚上放学后不是在外面玩到很晚才回家，就是回家后马上看电视或上网，到很晚了才想起做作业。

有一天，飞飞回家后又马上看起电视来。

“飞飞，你的作业完成了吗？怎么又在看电视？”妈妈问。

“嗯，还没有呢，等看完这集动画片就做。”

面对这种场景，你可能会这么对孩子说：

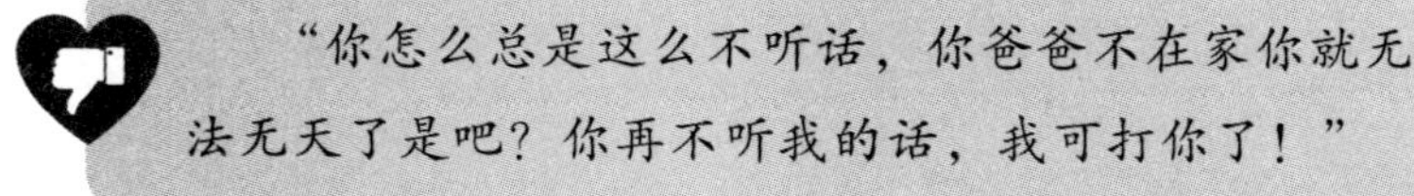

“你怎么总是这么不听话，你爸爸不在家你就无法无天了是吧？你再不听我的话，我可打你了！”

会“说话”的父母这样说：

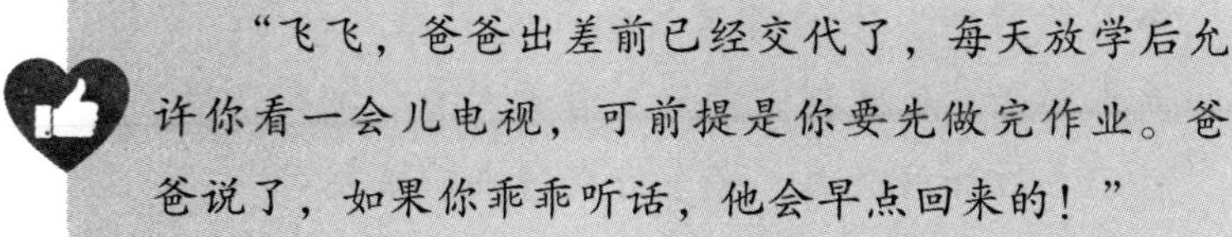

“飞飞，爸爸出差前已经交代了，每天放学后允许你看一会儿电视，可前提是你要先做完作业。爸爸说了，如果你乖乖听话，他会早点回来的！”

“考试不过是只纸老虎”
——说话时加点幽默的调料

贾科今年读小学六年级了，在学习上一直很努力上进，成绩也很不错。可就在离升学考试还有一个月的时候，他的情绪波动异常明显。原来，贾科向来要强，他觉得老师和父母都对自己期待值很高，自己应该加倍努力，考个好成绩来回报大家。

有一天，爸爸见贾科学习时有些焦虑，就问：“儿子，今天怎么了？你看起来怎么忧心忡忡的？”

“没有，只是马上就要升学考了，我有些担心和焦虑，我平时成绩还不错，就怕这次考得不好，辜负你们的希望，也担心别人因此笑话我。”

“原来是这样啊，放心吧，儿子，爸爸以前考试也会紧张，但后来我想明白了，考试只不过是只纸老虎，虽然看起来很凶猛，但却不能伤人，只要你不被它吓到，就能战胜它！而且，即使你这次没有考好，纸老虎也不会拿你怎么样啊，我和你妈妈更不会因为一次考试失利对你失望。你现在要做的就是调整好心态，放轻松一点，到时候正常发挥就好了。”

贾科被父亲的幽默语言逗乐了，心情也轻松了不少，学习也比以前有效率了。

有话要说

父母教育孩子，不能总是板着脸，动不动就批评指责，有时候运用一些幽默的语言，灵活地运用一些教育技巧也很重要。上述例子中贾科爸爸的幽默就对帮助孩子缓解紧张情绪，激发其学习热情起到了重要作用。

父母在教育孩子时，适当增添一些幽默的“调料”，对于增强教育效果是很有好处的。因为很多时候，严厉的批评和指责只会加深亲子之间的矛盾，让孩子觉得难过，使其不愿意与父母交流甚至变得叛逆。但是一些幽默的话语，却既能化解尴尬，调节气氛，给孩子深刻的教训，也能让其领会到父母的涵养，受到良好的影响。

幽默是一种无形的力量，拥有幽默感的人往往能赢得别人的青睐和欢迎，人际交往能力一般也较强。在家庭教育中，幽默感就是家庭环境的清新剂和亲子关系的润滑剂。有幽默感的父母往往更容易与子女沟通和交流，懂得以幽默智慧来教育和引导孩子的父母往往更能赢得孩子的喜欢，在教育时也能收到更好的效果。在运用幽默智慧教育孩子的时候，父母应该注意这样一些问题：

首先，弄清幽默的真正含义。幽默是用影射手法，机智而又敏捷地指出别人的缺点或优点，在微笑中加以否定或肯定。幽默不是油腔滑调，也不同于嘲笑和讽刺，幽默是在玩笑的背后隐藏着对事物的严肃态度，它没有那种使人产生受嘲弄或被辛辣讽刺时的痛苦感。

其次，父母应该努力增长自己的知识，陶冶自己的情操。幽默是一种智慧的表现，必须要有丰富的知识和开阔的视野作基础，同时也是一种乐观、宽容精神的体现。所以父母想要运用好幽默的语言和智慧，必须在这些方面加强修养，平时自己多看书、多学习，广泛涉猎知识，并注意加强自身的道德修炼和心灵陶冶。

最后，在日常生活中，父母在教育孩子的时候可以多运用一些幽默的语言，并努力培养孩子的幽默感。幽默是一种生活的智慧，在很多场合都是可以运用的，父母可以针对具体语境，适当地运用。如孩子不小心把牛奶打翻在桌上了，父母可以不责备孩子而是幽默地说："原来是桌子想喝牛奶了。"当孩子写字潦草，父母也可以幽默地说："我还以为是我眼花呢，看到的是无数虫子在爬，原来是你手抖了。"不管是在什么情境中，有幽默感的父母总能想出很好的语言。

此外，父母还可以用自己的幽默和乐观精神影响和陶冶孩子，不断培养孩子的幽默感，这对于孩子将来的成长也是非常有益的。

说话演练场

正读小学的佳佳比较贪玩，而且做事情有些粗心，经常丢三落四。平时生活中，佳佳经常因为贪玩而把手中的东西随手扔，过后就忘记放哪里了。尤其是佳佳的书包，不知道丢了多少回，而且他的书包里总是装满了各种各样没用的东西，非常乱。

有一天佳佳放学回到家，爸爸发现儿子平时回来都背着书包，今天却没有，就问道："佳佳，你的书包放到哪里了？"

佳佳一摸自己的背上，发现的确没有书包，便说："放学的路上我停下来玩了一会儿，我也不记得书包放在哪里了！"

之后，爸爸连忙带着佳佳去找，结果在学校的球场找到了。

面对这种场景，你可能会这么对孩子说：

"你这孩子，连自己的书包都看不住，真没用！"

会"说话"的父母这样说：

"佳佳，你是学生，书包和课本就是你的武器，只有随时装备好武器，你才能上前线，怎么能随便丢呢？而且，你看你的书包里，塞了这么多没用的东西，它驮累了竟躲着主人睡着了，所以啊，以后一定要记得背书包，并注意帮它减轻负担！"

“你是不是想要这样”

——让“闷葫芦”开口说话，更需要智慧

亚亚是个非常内向且自卑的孩子，她向来不爱说话，即使遇到了熟人也总是低着头尽量躲避。当别人问她话时，她也总是尽量简洁地回答，有时甚至闭口不语，以至于班上的同学很少有人喜欢搭理她。妈妈也一直为她的性格苦恼不已。

一天，亚亚和妈妈在街上遇到了张老师，张老师很关心亚亚，一连问了她好几个问题。可亚亚不是简单地应着“嗯”，就是躲在妈妈身后不说话。

“亚亚，刚才老师问你问题呢，你怎么不回答？”

亚亚没有作声。

“你这样很不礼貌，老师从此就会对你印象不好，以后肯定也不喜欢你了。”

“嗯。”

“以后要大胆一些，回答别人的问题有什么可害羞的。”

亚亚点了点头，只是羞涩地一笑，还是什么都

没有说。

有话要说

生活中，有开朗的孩子也有性格非常内向的孩子。开朗的孩子往往愿意把自己内心感受说出来与人分享，当别人询问时也总能积极作答，而内向的孩子则可能不愿意随便回答别人的问题，也很少愿意向周围的人表达自己的真实想法和感受。虽然很多孩子的内向程度都不至于像亚亚一样，但过于内向的性格也必然会影响孩子的人际交往。

想成为一个合格的家长，不仅要在生活和学习上关心、教育孩子，帮助孩子茁壮成长，更应该关注孩子的情商培养，努力塑造孩子良好的性格，陶冶孩子的情操。在孩子成长的过程中，如果父母发现自己的孩子性格过于内向，在人际交往中表现出羞赧和恐惧，就应该及时想办法帮助孩子，从打开“闷葫芦”的金口开始，让孩子克服心理的恐惧和担忧，学会正常与人交往。

让“闷葫芦”开口说话并不是一件简单的事情，需要父母付出更多的关爱，动用更多的智慧。父母如果能抓住并利用好如下的两个要点，还是能够取得比较好的效果的。

首先，每个人都有自己的兴趣爱好，在与人交谈时也倾向于谈论自己喜欢的或者感兴趣的事情。针对性格内向、不善言谈的孩子，父母可以从孩子感兴趣的事情入手，引导孩子谈论这些话题，帮助他们展现自己，逐步提高表达能力。

除此之外，父母还可以多与孩子谈论一些孩子关心的事情、擅长的事情，或者与孩子的生活实际密切相关的事情，比如，孩子班上发生的有趣故事、孩子崇拜的偶像、孩子喜欢的活动、孩子近期的愿望和需求、孩子在生活中的困惑和愉快的事等。有些事情虽然看起来微不足道，但却可能是孩子最关心、最愿意跟人谈论的事情，父母如果能留心孩子的生活，及时捕捉这些信息，就能让不喜欢交谈的孩子开口，让他们顺畅表达。

其次，父母想要打开“闷葫芦”的金口，让孩子变得爱说话，还应该注意交谈的态度和语气。在与性格内向的孩子交谈时，父母最好能保持温柔和蔼的态度，多照顾孩子的感受，在交谈中注意循序渐进，平时尽量使用“你觉得怎么样”“你是不是想要这样”“我很想听听你的想法”之类的话语，切不可过于急躁。总是在交谈时指责和打击孩子，只会让情况更糟糕。

在孩子性格形成和发展的过程中，遗传因素固然有所影响，但父母的教育方式却更关键。如果父母平时能多留心，多动用智慧进行教育，相信孩子定能向好的方向发展。

说话演练场

东东本就是一个性格内向、不善言谈的孩子，再加上她进入青春期后脸上长了很多痘痘，因此变得更加自卑，不愿意跟人交流。很多同学都取笑她是一个“闷葫芦”，半天也憋不出一句话，她因此更加沉默寡言了。

有一天，东东在学校一句话也没有说，回到家之后就莫名其妙地发起脾气来。

“东东，你这是怎么了，心里有什么话可以跟妈妈说啊！”妈妈见状，连忙说。

东东没有说话。

“有什么事情可以说出来嘛，生气解决不了问题的。”

东东看了看妈妈，仍旧自个儿在那里生气。

面对这种场景，你可能会这么对孩子说：

“难怪别人都说你是‘闷葫芦’，真的是半天说不出一句话。你这么没出息，以后可怎么办啊？”

会“说话”的父母这样说：

“孩子，你是不是在学校受委屈了？是你遇到了什么无法解决的事情了，还是有什么新的要求，先说出来听听，妈妈帮你想办法，怎么样？”

“如果别人也像你一样会怎样”
——将问题抛给孩子

小威聪明活泼，伶牙俐齿，可身上的毛病也不少。其中最严重的问题就是，他爱贪小便宜，经常借了别人的东西迟迟不肯归还，等到别人遗忘的时候，他就会据为己有。看到儿子这样，妈妈心里很着急。

一次，小威又借了同桌漂亮的橡皮而不想归还，妈妈知道后，有天，她趁着小威在玩像皮的时候问他：“你手中的橡皮是谁的？”

“我同桌夏明的。”

“是夏明好心借给你用的吧，可我怎么见你已经保管了很久了呀？”

“我本来是想早点还给他的，可是我觉得这块橡皮很漂亮，有些舍不得，而且夏明家那么有钱，一定不会介意我留下它的。”

“嗯，是的，夏明是很大方，而且他家很有钱。可是你想想，如果有人也像你一样，借了东西不及时归还，还总想着据为己有，那你以后还愿意借东西给他吗？再说，如果你实在想要一样的东西的话，父母完全可以给你买，橡皮本来也不值几个钱，为此而失掉了信誉，真的值得吗？”

小威听了，若有所思地点了点头。

有话要说

现实生活中，像小威一样有这样那样毛病的孩子还不少。当遇到孩子做错事情或是身上毛病很多的时候，一些父母总是比较强势，会直接指出孩子的缺点和不足，要求孩子应该这样而不能那样，或是经常将自己的意愿强加在孩子的身上，希望孩子完全按照自己的要求办事，这其实是很不妥当的。

父母与孩子针锋相对，总习惯以强制压迫的方式解决家庭教育问题，最容易出现的一种后果就是，孩子并不会心甘情愿地按照父母的要求去做。尤其是对于有着较强独立性和思考能力的青春期孩子来说，他们不仅不会照做，还可能出于不满和叛逆而选择与父母对着干。在教育孩子时，父母一定要注意讲究方式方法，当孩子并不想按照父母的意愿办事的时候，父母可以尝试着把问题抛给孩子，如父母可以运用“如果别人都像你一样会怎样”“要是我按照你说的话去做会怎样”“如果人人都学你会怎么样”等话语，向孩子提出相关的问题，引导孩子自己去观察和思考，在这个过程中明白道理，自觉地去做某事或是纠正某种不良行为。在这个过程中，父母需要注意的是：

首先，父母在把问题抛给孩子，引导孩子学会思索和分析的时候，一定要先了解清楚具体情况。一些父母常常以工作忙、培养孩子的独立性等为借口疏忽对孩子的关心和教育，把问题抛给孩子自己解决，这其实是很不应该的。父母只有先秉持关爱之心，对于孩子的情况了解透彻之后，才可能做出正确的判断和评价，找到适合孩子的教育方式。这样才能有的放矢地帮助孩子解决问题。

其次，把问题抛给孩子，实际上就是启发孩子自己进行探索和思考，同时也把解决问题的方法教给孩子，父母只是在旁边起引导作用。至于孩子具体要通过什么方式解决，该怎么做，父母最好不要替孩子决定，让孩子根据自己思考的结果做出决定。

教育好孩子的方式是多种多样的，但总体来说，关爱和尊重是其中的重要原则，只有将教育建立在此基础之上，才可能真正有所成效。

说话演练场

小易很注重外表，平时穿得干净整洁。但在公共场所，他就很不讲究了，随手乱扔果皮纸屑，有时还会随地吐痰，妈妈为此没有少教育他。而他呢，虽然能意识到自己的错误，可总是很难改正。

一天，爸爸带着他去中心广场玩，小易不自觉地又将用过的手纸随手扔在了地上。

“小易，你怎么又乱扔垃圾了？你妈妈昨天不是还教育你了吗？”爸爸见了，问道。

“哦，我忘记了。”

“快点把垃圾捡起来吧，知错还要及时改正。”

“广场上人这么多，而且待会儿肯定还有清洁工人打扫的，不要紧的。”

面对这种场景，你可能会这么对孩子说：

“叫你捡起来，你到底听不听话？不捡的话，小心我教训你！”

会“说话”的父母这样说：

“广场上人这么多，扔一点点垃圾是不怎么显眼，可是你想想看，要是人人都像你一样，会怎么样？到那时，广场还能下脚吗？你还愿意到脏脏的广场来玩吗？”

“这也不是件坏事情”
——换个角度说事情

卢乐的语文成绩一直很好，可在小升初的语文考试中，他考得很差。从此，他似乎受到了很大的打击，一下子对语文学习失去了兴趣，成绩一落千丈。在初一时的一次语文测验中，他的语文只考了63分，是班上的倒数第三名。

“妈妈，我这次没有考好，我觉得我实在太笨了。”当卢乐把成绩单拿给妈妈看时，非常沮丧。

“可是，你以前的语文成绩不是一直很好吗？”其实，妈妈知道，儿子的问题根本不在智力上，而是心理问题。

“那都是以前了……”

“儿子，不要灰心和难过，其实你很有潜力啊，虽然你这次的成绩是倒数第三，但是你上升的空间还很大，只要你下次考好一点点，一下子就能进步很多名啊！所以说呢，你这次考得差并不是什么坏事，只要以后继续努力，你就能超越很多人了！”

本以为会挨一顿臭骂，没想到妈妈却把反面的事情正着说了。卢乐的心情顿时轻松了不少，也从中很受鼓舞，增强了自信心。

有话要说

每个孩子都渴望成功，希望能获得表扬和鼓励，但一个人成长的道路并不总是一帆风顺的。在日常的生活和学习中，孩子可能会遇到种种困难，会因为一些不如意的事情而产生挫败感。这当然会让孩子感觉到痛苦和受伤，也会损害孩子的自信心和积极性，此时父母对于这些事情的态度和行为会直接影响孩子。上述例子中的卢乐妈妈在孩子遭遇失败，感觉受挫时不仅没有责骂孩子，还将负面的事情正面说，教孩子看到挫折的积极意义，这种做法其实是非常高明的。

在心理学上，有这样一个著名的“保龄球效应”：

在各自训练的保龄球队员都是一球击倒了七个瓶后，第一个教练对自己的队员说：“很好！你一下击倒了七个。”第二个教练则说：“怎么搞的，还有三个没击倒！”在之后的比赛中，第一个保龄球队员因为受到了教练的激励和鼓舞，自信心大增，更加努力地练习，成绩不断上升。而第二个保龄球队员因为失败后遭到了指责，自信心受损，练习的热情也减退了，成绩一次不如一次。由此可见，正面激励效果远大于负面。

在教育孩子的过程中同样如此。孩子的心智一般都不怎么成熟，当其遭遇挫折和失败时，通常都希望得到父母的安慰和帮助。此时父母看待问题的角度、表达方式、应对问题的态度会对孩子产生重要的影响。这也就是说，当孩子遇到问题时，父母怎么说、怎么做，将会影响孩子对待这些事情的态度和行为方式。因此，想要培养积极乐观的孩子，父母在教育孩子时应该多动用一些智慧。

其实，父母与其把最不好的情况告诉孩子，总是对孩子指责和批评，不如先尝试着换个角度来看问题，学会把负面的事情正着说，多肯定孩子的努力和潜力，用肯定孩子优点的方式来激励孩子改正缺点，逐步将他们引导到积极上进的道路上来。

首先，父母应该学会多角度看待问题，尝试发现负面事情中的积极意义。要想让失败、挫折等负面的影响不阻碍孩子的成长，反而成为孩子进步的养料，父母先需要调整好自己的心态，学会乐观积极地看待问题。父母在平时应该多注意增长知识、拓宽视野，培养良好的修养和积极心理，学会多角度看待问题和处理事情，努力发掘这些失败的经历可能给自己、给孩子带来的启示，学会乐观地看待周围的人和事物。这样，孩子才能受到好的影响，变得乐观开朗。

其次，父母平时应该多学点教育智慧，多多鼓励孩子，努力挖掘孩子的潜力，帮助其成长。每个孩子都是潜力股，只要好好发掘和培养，终将获得进步。所以父母在平时应该努力发掘孩子的潜力，在孩子遭遇挫折时给予安慰和帮助，让孩子发现自己的潜力，激发自信，努力帮助孩子将优势转化为成功的动力。

同一件事情，换个角度，换种说法，结果可能就大不相同，父母们在教育孩子时不妨试试换个角度。

说话演练场

黄慧是一个内向敏感的女孩，她总会为一些小事情莫名忧伤不安。在期末考试前的一个周末，她原本约好和几个好朋友一起去宁宁家补习功课。谁知那天早上却下起大雨来，黄慧被困在家中，不能去同学家了。

“妈妈，下大雨了！”

“是哦，这雨很大，估计你今天是不能去宁宁家一起补习了。”

“这雨真是讨厌，下得这么大，害得我都不能出去补习功课了。”显然，黄慧有些不开心了。

面对这种场景，你可能会这么对孩子说：

“下雨是自然现象，有什么好讨厌的，你也真是敏感！”

会“说话”的父母这样说：

“没关系！下雨也并不是一件坏事，天气不好，你就不会因为想要出去玩而耽误时间，而且，你自己一个在家也能好好学习，不是吗？”

“学会向孩子请教”
——让孩子在讲解中提高

雨儿是一个聪明的孩子，平时学习很认真，但是一到考试时成绩总是不理想。雨儿的妈妈经过分析，觉得孩子是对于知识的掌握不够牢固，于是决定帮助孩子巩固所学的知识。

有一天，雨儿妈妈发现女儿正在背诵有关地中海气候的地理常识，于是就走近孩子，好奇地问：“你背的这个地中海气候是什么啊？妈妈不理解，能给我讲讲吗？”

“这是一个气候术语，根据地理气候的特点，全球可以分成不同的气候类型。不过地中海的气候比较特别，集中在地中海沿岸，所以就叫地中海气候。”雨儿笑着回答说。

“哦？地中海在哪里呢，地中海气候和别的地方有什么不同啊？”妈妈继续问。

“地中海在这里，”女儿指着地球仪说，“它的气候特点是……”就这样，雨儿把地中海的气候介绍了一遍，又和别的气候做了比较，还顺便介绍了中国的气候特点。妈妈听得津津有味，孩子也讲得很认真。而且，妈妈事后发现，通过这样向孩子请教让孩子解答的方式，孩子对知识掌握得牢固多了，到考试的时候，孩子的成绩也提高了不少。

有话要说

在家庭教育中，很多父母常常以教育者的姿态出现，将孩子看作是被安排、被教育的对象。其实，这样很容易让孩子丧失学习的主动性，产生厌学情绪或者逆反心理。如果在教育和培养孩子的时候，父母能尝试着变换身份，以求教者的姿态接近孩子，让孩子为自己讲解问题、分析困惑，或许能收到更好的教育效果。

几乎每个人都希望在生活中占据优势和主导地位，以便控制局面，更好地发挥自己的效用，其实孩子也是一样。无论做什么事，孩子总是会在自己比较有优势的方面表现得积极，比不上人家的方面就不积极，如果孩子总是比不上别人，他的学习积极性就会受挫。同样，如果在家庭教育中，父母总是以指导者的身份出现，告诉他哪个对哪个错，动不动就对孩子加以指责，孩子自然也会觉得学习没有意思。但如果父母能适当地以求教者的姿态面对孩子，虚心地向孩子请教，孩子的自信心反而会高涨。这种效应也就是心理学上常说的“示弱效应”。家长适当地向孩子“示弱”，更能拉近彼此之间的心理距离，增进与孩子之间的交流。

父母虚心向孩子请教，让孩子在讲解中不断提高能力，这是家庭教育中帮助孩子成长的一种较好的方式。那么，在具体实践中，家长应该怎么做呢？

首先，父母在向孩子求教之前，一定要做好充足的准备工作。父母向孩子求教并不是说父母对于孩子掌握的知识一无所知，而是一种假装的“示弱”，目的在于以此指引孩子去思索和研究，从而进一步掌握和巩固知识。所以父母在向孩子求教之前自己应该熟悉要教会孩子的知识点，然后才能有的放矢地进行指导。

其次，父母在向孩子请教的时候，要全心投入请教的过程中，不能一看就知道是在“演戏”，那样孩子就没有认真教课的欲望了。而且，如果父母能够提出几个有价值的问题来挑战“小老师”，“小老师”再回去问老师，如此循环，孩子对知识就能理解得更透彻了。

此外，在求教的过程中，父母可以尝试着和孩子一起去探讨和解决问题，但更多的应该是鼓励孩子自己开动脑筋去思考，自己只在一旁引导和辅助，以发挥孩子的积极性，千万不能越俎代庖。

说话演练场

戴伟已经上小学五年级了，可仍旧十分贪玩，好像对于学习一点兴趣都没有，每天晚上做完作业不是看电视就是上网玩游戏，根本就不知道复习学过的知识或者预习新内容。爸爸为此经常训斥他，可都没有用。妈妈对于戴伟的行为也有些担忧，却一时找不到教育孩子的好方法。

有一天，戴维写完作业之后又想看电视，妈妈见了，问：“儿子，你今天的作业写完了？”

“是的，语文、数学、英语作业，我全部写完了，所以才看电视的。不信，你可以自己检查。”

面对这种场景，你可能会这么对孩子说：

“你这孩子，整天就知道玩，你以为放学后就只是写作业吗？作业完成了还可以预习和复习的，真是不思进取。”

会“说话”的父母这样说：

“是吗？你的速度真快，值得表扬！妈妈的单位最近要举行一次考试。我发现很多知识都是你们课本上学过的呢，可妈妈已经不记得了，有些知识能向你请教一下吗？”

第三章

孩子不听话，源于父母不会说话

“父母都是爱你的”
——不要以爱的名义束缚孩子

“这件衣服脏了，我拿去洗洗。”

“别，你先放着吧，待会儿妈妈帮你洗，别累坏了，宝贝……”

“妈，周末我们几个同学想一起去郊游。”

“啊，又不是班集体的活动，不安全，我不放心啊。而且，你明天还要上兴趣班呢！”

“你这也不让，那也不让，就只知道让我学习，我到底还有没有自由啊？”

“这话怎么说的？我这么做不都是因为爱你、关心你吗？”

乐乐是五年级的学生。因为是家中的独生女，父母不仅对她呵护备至，还对她寄予厚望。平时，妈妈包办了她生活中的所有大小事务，只要求她专心学习。乐乐想自己洗衣服，妈妈怕她累着；乐乐想自己端饭，妈妈怕她烫着；乐乐想出去玩会儿，妈妈怕她会遇到危险……在学习上，妈妈对她的要求特别严格，考虑到乐乐的数学成绩较差，妈妈每个周末都会给她请数学家教，而且还帮她报了作文兴趣班、英语口语班。当乐乐表现出不满时，妈妈总是说:“这一切都是因为妈妈爱你、关心你！”然而，乐乐并没有因为母亲的百般宠爱而变得开心，反而觉得妈妈剥夺了自己成长的乐趣，限制了自己的自由，自己已经完全处于妈妈的摆布和控制下。妈妈所谓的“爱”早已经让乐乐不堪重负了。

有话要说

现在的孩子多是独生子女，都是家长们的掌上明珠。家长总是认为爱孩子就应该为孩子做好所有的事情，就应该帮助他（她）成龙成凤，于是在“爱”的名义下，孩子本来力所能及的一些事情被家长代劳了，爱玩的天性被束缚了，自由的空间也被占据了。

家长本以为自己无私的爱能保证孩子幸福健康地成长，但是孩子并不会因此而心怀感激，反而认为家长束缚了自己，从而引发不快和矛盾，影响了亲子关系的和谐。像文中的乐乐就是如此，妈妈无微不至地照顾她是因为关爱，可在她看来，却阻碍了她动手能力的培养；妈妈关心她的学习本也是出于关爱，可在她看来，这却剥夺了她的自由，限制了她潜能的发展。

爱孩子是人之常情，但是在爱孩子的过程中，要讲究原则，把握尺度。家长的爱与付出孩子未必能全部理解，家长和孩子看问题的方式也不尽相同。所以，聪明的家长，应该学会站在孩子的角度考虑问题，充分尊重和理解孩子的想法，不要以爱的名义对孩子过度约束。要知道，爱得多不如爱得对，真正的爱应该是孩子成长道路上的不竭动力，而不能成为孩子前进的阻碍。要做到如此，家长应该调整好“爱”的尺度，明白如下的一些问题：

首先，关爱孩子的目的应该是帮助孩子健康而快乐地成长；其次，爱孩子应该建立在尊重和友善的基础上，要尊重孩子的天性，重视孩子的自主权；最后，爱孩子就更应该给孩子适度的时间和空间，让孩子根据自己的意愿和兴趣，自由地进行学习和探索，并在必要的时候给予帮助和约束。只有这样，孩子才能有效地学会遵守生活和社会规范，培养良好的品质和优秀的能力。

因此，要成为一个好家长，就不要以爱的名义约束孩子，而要让孩子在爱中既得到情感的满足，又获得前进的动力。

说话演练场

正在读初一的欣欣周末想要跟同学一起外出郊游，可爸爸已经帮她预约了周末去书法老师的家中见面，商谈学习书法的事情。

“爸，我们几个同学约好了周六去郊游。”

“你忘了我已经帮你约好书法老师了吗，第一次见面不能失信吧？”

“我也觉得不能失信，我已经跟同学商量好了。我们只是周六上午去，下午就回来了。”

面对这种场景，你可能会这么对孩子说：

“不行，绝对不可以，你怎么能这么贪玩呢？”

会“说话”的父母这样说：

“好吧，幸好上次书法老师只说是周末让咱们再联系，我待会儿给老师打个电话，约到周日早上吧。不过，你们几个外出，一定要多加小心，记得早点回来！父母都会担心你们的安全啊。”

“随便你了”
——切忌对孩子不闻不问，放任自流

余涛的父母平时工作比较忙，自己抽不出什么时间照顾和关心孩子，所以余涛从小到大的多数时间都是与爷爷奶奶在一起。由于爷爷奶奶对他有些溺爱，他渐渐地就养成了一些坏毛病，如比较自私、任性和懒惰等。

一天，余涛的爸爸出差回家看孩子，看到余涛正在家里对着奶奶发脾气。余涛一边扯着奶奶的头发，一边还对奶奶说着很不礼貌的话。爸爸大声呵斥道：“余涛，奶奶平时对你那么好，你怎么能这么对奶奶呢？”

“不用你管，反正你平时都不怎么理我，现在管我做什么！”余涛理直气壮地说。

“我是你爸爸，我怎么就不能管你！”爸爸十分生气。

“你还知道是我爸爸，那你平时怎么不管我。别人都有爸爸辅导功课，可我没有，别人受了委屈可以找爸爸哭诉，可我不能……”孩子越说越委屈，居然哇哇大哭起来。爸爸一时手足无措，愣在了一旁。

有话要说

当前，一些父母鉴于严格管教孩子的弊端，主张让孩子顺其自然地成长。实际上，这种观念也是有偏颇的，对孩子管得太严极易使孩子反感和产生逆反心理，而对孩子不闻不问、放任自流则不能很好地引导和教育孩子。而且这种教育方式危害更甚于前者。认为“树大自然直”，对孩子的行为放任自流的父母实际上是忽视了孩子成长的特点及这个过程中环境因素的重要影响。在最初的时候，孩子本身就是一张白纸，后天的教育和环境对于孩子个性的形成和发展、思想观念和道德品质培养等有深远影响。

孩子的思考力、判断力等各方面能力都是不成熟的，思想意识、道德品质也缺乏规范，很容易受到外界环境的诱惑和影响。如果他们“顺其自然”成长在一个良好的环境中，自然是件好事。但如果孩子成长的环境没那么良好，或者身处一个恶劣的环境之中，他们就很容易受到坏的影响，染上一些坏习惯。现如今，科学技术高度发达，社会日益复杂，青少年获取的信息的渠道、方式等都有了很大的变化，青少年面临的诱惑也更多了，如果不好好引导和教育，孩子偏离正确人生轨迹的概率也会大很多。

因此，要想帮助孩子健康成长，父母还是应该进行适当地干预和引导，切忌对孩子不闻不问、放任自流。但在管教孩子的时候，父母需要掌握这两个要点：

首先，父母应该掌握好分寸和尺度，切不可管得太严或者放任自流。正确的教育方式是使得家庭教育顺利进行的重要基础，父母只有先掌握好管教的分寸和尺度，既关心和爱护孩子，又不过分限制孩子，不约束或限制孩子自由发展的空间，积极地为孩子创造出愉快轻松的环境，才能让孩子健康成长。

其次，父母应该随时做好孩子的榜样，在教育孩子之前先纠正自己的不良行为。家庭是孩子接受教育的第一课堂，父母就是孩子最初的老师，只有父母先做好示范，孩子才会有样学样，接受好的影响。当父母自己行为不端时，孩子也会出于模仿而做出不好的行为。所以，想教育好孩子，父母先要以身作则，纠正自己的不良行为。

在教育孩子的过程中，父母会遇到很多问题，但只要父母心中有爱，坚持正确的教育方式，就能教育好孩子。

说话演练场

张良的父母一直相信“树大自然直”，认为在孩子的成长中，父母应该为孩子营造一个宽松的环境。加上夫妻二人平时的工作比较忙，所以他们在很多事情上都给了孩子充分的自由，很少关心和过问孩子的行为。

有一天晚上，张良很晚才回家，爸爸已经在家等了很久，看到他回来了，便问："儿子，你今天去哪里了，怎么这么晚才回来啊？"

"爸爸，你平时不是说要给我充分的自由吗，怎么管起我来了？"张良回答。

"爸爸这不是担心你吗？"

"别，我不需要这样的关心，我还是习惯你不管我，这样我就能干自己喜欢的事情，每天和自己喜欢的人玩了。"

面对这种场景，你可能会这么对孩子说：

"唉，随便你了！"

会"说话"的父母这样说：

"父母说要给你自由，并不意味着我们会对你不闻不问、放任自流啊，更不是说你可以随心所欲。我们平时是相信你、尊重你才会那样，你可别理解歪了。对于你的行为，我们还是会严加管教的！"

“你必须马上去做”
——命令只会让孩子反感

“琳琳，你怎么还在磨蹭啊，你必须赶快起床了，否则我们两个都得迟到，我可没有时间等你。”

“快点，马上把牛奶喝了，然后背上书包，咱们马上出发。”

“琳琳，快点去帮妈妈倒杯水。”

“去，帮妈妈拿把椅子过来。你在磨叽什么，妈妈的话没听到啊？快点。”

“都放学这么久了还不写作业，快去先完成作业，之后才能出去玩。”

……

琳琳的妈妈是一个家长制意识浓厚的母亲，只要她在家，每天都会对琳琳发号施令。她认为对于孩子的教育应该从小抓起，任何时候都不能松懈，所以在平时教育孩子时应该体现出威严。正因如此，妈妈经常以命令的口吻对琳琳说话，最常说的就是“你必须马上去做”“你绝不能这样做”。殊不知，对于她的这种说话方式，琳琳已经非常反感了。她讨厌母亲总用这种命令的方式让她办事，为此经常表现出反感和叛逆的情绪，总喜欢跟妈妈对着干。

有话要说

不少父母习惯于根据自己的意愿安排孩子的行动，动辄发号施令或是斥责孩子，这实际上是非常不好的。孩子虽然还小，但也有自己的独立思想和情感，他们更希望按照自己的意愿办事，在他们看来，父母命令式的说话方式，不仅是家长权威的流露，也是双方地位不平等的表现。所以，在家庭中，父母发号施令的说话方式不仅无法令孩子信服，还很容易激起孩子的叛逆心理。当面对家长的命令时，孩子有时候会不得已而去执行，但更多的时候则会表现出反感和反抗的情绪。因此，家长如果想让孩子愉快地接受自己的教育，或者让孩子帮忙做一些力所能及的事情，应该避免对孩子发号施令。

教育孩子是要讲究技巧的，而要孩子乖乖听话、服从教育，更需要父母动用智慧。具体来说，在家庭教育中，有这样一些智慧是父母必须努力掌握的。

首先，在生活中，家长如果要求孩子做某事或者快点行动时，可以试着改变命令式的口吻，而改用商量式的口气。因为不管在什么条件下，命令在人看来都是不平等的，而商量的口气则会让孩子感受到平等和尊重，才更有利于拉近父母与孩子间的距离，只有这样，孩子才更容易接受父母的教导，按照父母的要求办事。

其次，父母在避免发号施令的同时，还可以采用一些灵活的说话方式来增强教育的效果。如父母在要求孩子办事情的时候可以通过讲道理、表扬、鼓励等方式让孩子体会到行动的价值；父母在希望孩子立即行动时可以采用激将法、游戏比赛的方式来引导孩子有更好的行为等。

但在这个过程中，父母应该注意，凡事学会与孩子商量。学会尊重和理解孩子，并不意味着父母就应该放弃管教的责任，纵容孩子的不良行为。

说话演练场

火火是个爱睡懒觉的学生，每天早上闹钟响了好几遍了他仍然不愿意起床，妈妈因为担心他上学迟到而不得不一次又一次地到他的房间催促他。尽管如此，他仍然赖在床上不起。

“火火，快点起床了，你的闹钟已经响了，还不起来今天又要迟到了。”

“火火，怎么还不起来啊，你看都几点了，你必须马上起来了……”

“嗯，马上。”见妈妈已经叫了好几遍，火火只得答应道。可说完之后，他按停闹钟，仍然赖在床上不愿意起来。

面对这种场景，你可能会这么对孩子说：

“你必须马上起来了，马上穿衣服，然后去洗脸刷牙，之后再把桌上的牛奶喝了，必须马上这样做，快点！”

会“说话”的父母这样说：

“小懒虫，再不起来就真要迟到了，妈妈已经准备好要去上班了，你起得太晚我可不等你了，到时候你自己打车去学校吧。在你们学校，迟到了会影响班级荣誉的吧？老师免不了会批评你，同学们可能会笑话你，你今年得优秀的目标也有可能会受到一些影响哦……”

“我是家长，我说了算”
——以权压人不可取

“文文，不可以再看电视了，回屋里写作业去。”

“你怎么功课还没有复习就上起网来了呢？你到底还想不想好好念书啊？要是作业没写完你今晚就别吃饭了。”

“这周末我和你爸爸要出去郊游，你要是这次考试没有考好，这周末就一个人乖乖在家学习。”

每当听到妈妈这样和自己说话的时候，文文的心里总不是滋味。有时候他实在忍不住了，便会对妈妈大声嚷嚷，说：“凭什么？你们凭什么管我管得这么严？”然后还会唉声叹气地抱怨：“我真是一个倒霉的孩子。这世界实在是不公平，为什么你们大人晚上回到家之后就能看电视、上网、休息，而我学习了一天，回到家还得继续学习？我真是辛苦啊！我不想做学生了。”

听到文文这样的抱怨之后，妈妈有时候还会给他讲讲道理，但更多时候却是严厉地训斥他：“我是家长，我说了算！你是学生，现在的主要任务就是学习，想做主，等你工作了以后再说。”

有话要说

反观当下的家庭教育，很多父母管得太多太严，孩子吃什么、穿什么、玩什么、业余时间干什么、上哪儿去，都要听他们的安排。在强烈的控制欲的作用下，不少家长动不动就摆出家长的权威，要求孩子完全按照自己的意愿办事。然而，这种居高临下命令的方式很多时候并不能取得很好的教育效果，反倒激起了孩子的对抗情绪，使孩子失去自我发展的空间。这就像是握在手中的沙子，越是用力抓紧，从指缝中漏掉的也就越多。

在家庭教育中，“我是家长，我说了算”的意识对于营造良好和谐的亲子关系，增进亲子间的交流和沟通是有害的。其实，家长与其总是居高临下，还不如友好地与孩子交流和沟通，多给孩子的成长留一些空间。教育孩子时，家长最好先让孩子从内心理解自己，多一些协商和尊重，少用家长的权威压人，在平等宽松的家庭环境中成长的孩子才能真正从内心理解和尊重自己的父母，真正心服口服地听从父母的劝告。

在转变权威型教育方式的同时，父母还可以多采用一些灵活有效的教育方式，但理解和尊重孩子应该是根本出发点，尤其是对处于敏感期的孩子，更应该如此。在成长过程中，孩子不听话、有意无意地顶撞家长是不可避免的事情，这是很正常的寻求心理平衡和渴望获得关注的方式，家长所要做的并不是压抑孩子的这种叛逆情绪，而应该表现出理解和尊重，以谆谆教导指引孩子，以切实行动感染孩子。

理解和尊重不仅是家长应该教会孩子的内容，同时也是家长应该学习的。父母应该明白，孩子是有感情、有思想的，强权和威压并不是解决问题的正确途径，唯有以心换心，让孩子感受到关爱和尊重，孩子才有可能发自内心地信服和接受家长的教育。

说话演练场

小方是初中二年级的学生，在期末考试之后，他终于等来了盼望已久的暑假。

“爸，明天开始放暑假了，我想先去外婆家玩几天。乡村的空气清新，而且表哥和表姐也都放假了，大家一起玩有个伴。”

“你明年就要读初三了，而且你的数学成绩一直不好，爸爸正计划着这两天去给你报少年宫办的假期数学补习班呢。”

“暑假还有这么久呢，我上学这么辛苦，总要有点时间休息休息吧？”听到父亲的暑假安排，小方只能无奈地说。

面对这种场景，你可能会这么对孩子说：

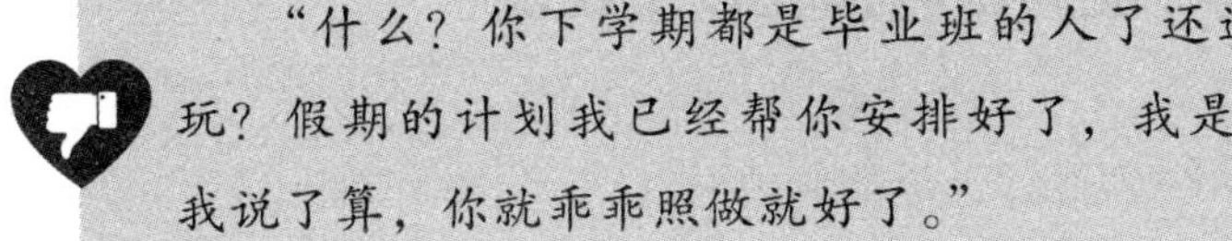

“什么？你下学期都是毕业班的人了还这么贪玩？假期的计划我已经帮你安排好了，我是家长，我说了算，你就乖乖照做就好了。”

会“说话”的父母这样说：

“去外婆家玩是可以，但是你明年就要毕业了，你想想，这几次考试如果不是因为数学成绩拖了后腿，你的成绩不就排在班里前几名了吗？而且，少年宫今年暑假的补习班就是最近几天开课。要不这样，咱们先学习，暑假还有这么长时间，补习结束之后爸爸再送你去外婆家好吗？”

“你要好好读书”
——空洞说教易让孩子反感

“妈，今天我们班同学过生日，我们几个好朋友约好了晚上一起去聚餐，可以吗？”

“你下午放学回来不是还要写作业和复习吗？”

“我保证写完作业、复习完之后再去，而且我一定会在晚上八点之前回来的，这样总可以了吧？”

“你现在怎么就知道玩而不知道好好学习，这样以后怎么得了？现在的社会，只有好工作才能赚到钱，才能保证你以后过上美好的生活，如果想要找到一个好工作，你现在就必须好好读书……”

还不等母亲说完，女儿就不耐烦地接过话茬：“你接下来又想说，现在好好读书，才能考上重点中学，之后才能考重点大学，毕业后才可能找到好工作是吧？”

在女儿小敏的记忆中，妈妈教育她要好好读书的这番话不知说了多少遍了，反正她已经听得耳朵起茧了。她觉得妈妈这样的说教很枯燥乏味，于是就瞪了妈妈一眼，戴上自己的耳机继续听音乐。

妈妈非常关心小敏的学习和成长，为了女儿，可谓是煞费苦心。她总会抓住和女儿交流的机会，不厌其烦地给女儿讲大道理，教育女儿为了将来有出息，现在一定要好好读书。可女儿似乎总是不领情，甚至经常心生怨言，觉得妈妈唠叨。

有话要说

给孩子讲道理是不少父母认为非常有必要做的事情。悉心教育孩子，帮助孩子找到正确的前进方向以避免孩子走上歧途是父母的职责，可在教育孩子时，切忌空洞说教。

空洞的说教不仅难以达到教育的效果，反而非常容易让孩子反感，尤其是对于青春期的孩子和年幼不懂事的孩子。对年幼而不明白事理的孩子说教，无异于对牛弹琴，孩子除了觉得父母总是用语言教育人之外，根本无法完全理解父母说的是什么意思；而对于青春期的孩子来说，他们正处于内心渴望独立、自立能力逐渐增强的阶段，他们已经明白了很多道理，只是有时候因为自控能力弱，或是缺乏经验和能力而做出了某些不当的举动，只要有人稍微点拨，他们就能明白。空洞的说教看起来很有必要，但在教育孩子时其实是没有必要的，甚至是有害的。因为空洞的说教并不能说到孩子的心里去，更别说引起孩子的共鸣。这样，孩子就无法真正明白父母的苦心，甚至经常会觉得父母唠叨，到头来，不仅父母辛苦，孩子也反感且不接受，从而极大地影响了和谐亲子关系的建立。

如果您也总是给孩子空泛地讲道理，以督促孩子学习和成长的父母，那么不妨参考如下的一些建议：

首先，父母应该放弃烦琐而冗长的说教，代之以简明、生动的教育方式。比如，在教育孩子好好读书时，可以讲讲自己在艰苦环境中的求学经历，以鲜活生动的实例来阐释道理，或是可以给孩子讲一些名人的类似经历，让孩子自己感悟和理解事理。

其次，父母应该始终谨记，再好的说教都不如以身作则。父母是与孩子接触最频繁的人，也是孩子最好的老师，良好的教育效果，并不是靠讲大道理就能达到的。与其总是说大道理，还不如以自己的实际行动感染和教育孩子，把好的习惯传递给孩子。没有以身作则，只有空洞说教，想要孩子向上向善，只是空谈。

总之，父母在教育孩子时应该顾及孩子的感受，学会把话说到孩子的心里，而不能为了管教而教育，总是说一些空洞的道理。

说话演练场

放学后，读小学六年级的小宁完成了老师布置的作业之后便打开电脑上起网来。妈妈见了，严厉地问：“你的作业写完了吗？功课已经复习和预习了吗？”

“今天的作业已经完成了，我就玩15分钟，待会儿就复习和预习。”小宁回答。

面对这种场景，你可能会这么对孩子说：

“不行，绝对不可以。上网会浪费学习的时间，而且长期沉迷于网络还会让人心智涣散、视力下降。你现在的任务是好好学习，只有学习好，将来才有好的前途和工作……”

会“说话”的父母这样说：

“好吧，你可以稍微上网玩一会儿，但是，不能太久哦。因为上网太久的话视力会下降的，这样以后就得像妈妈一样戴眼镜了，不戴眼镜的话还会认错人，多尴尬啊。而且，上网虽然也能增长见识，但也会影响学习的，你这么有学习潜力，不好好把握就太可惜了。”

“有本事每次都拿第一”
——请调准你的“期望值”

“妈妈，我这次语文考了98分，是全班第一名。”正读小学五年级的通通放学之后还没进家门便迫不及待地从书包里拿出试卷，冲着妈妈大声地喊道。

妈妈此时正在做家务，听到孩子的话并没有表现出十分兴奋的神情，而是淡淡地说：“考一次第一有什么了不起，有本事回回拿第一。”在看完试卷之后，妈妈指着通通写错的地方说：“你看看，这么简单的题还出错了，怎么这么粗心啊？而且，你这次考试的卷面也不整洁，在正式考试时会扣分的。”

紧接着，妈妈又展开了进一步的教育。听着妈妈的训斥，通通原本的喜悦心情一扫而光，代之以沮丧的情绪。她觉得妈妈实在是太扫兴了，而且对自己的要求过于严苛。

其实，妈妈在心里也为女儿这次的成绩而感到骄傲，但为了勉励孩子，她每次总是会不自觉地以更高、更严格的标准要求孩子，希望以这种方式激励孩子不断进步，谁知，效果却适得其反。此后，通通取得了好成绩之后便不再跟妈妈分享，而且学习热情锐减。

有话要说

世界上的每一个人都不是完美的，父母是这样，孩子也是这样。忽视孩子身上的优点和已经取得的成绩，而对孩子提出过高的要求，过分追求完美，实际上是不恰当的，也是很容易激发矛盾的。通通的妈妈关心孩子的成长，希望其不断进步的出发点是好的，但由于她没有调整好自己的期望值，只看到了孩子的缺陷和不足，却没有意识到孩子已经取得了成绩，也没有及时给予表扬和奖励，结果打击了通通的学习热情。

现实生活中，很多家长对孩子有着较高的要求和期待，希望孩子能多“拿第一”，并且最好“每次都能拿第一”。尽管孩子已经做得很好了，可这些家长却只看到了孩子的错误和瑕疵，这无异于鸡蛋里挑骨头。

父母如果总是忽视孩子身上的优点，无限放大孩子的缺点，动不动就指责孩子的小毛病，并时常表达出对于孩子的不满，就会使孩子的自信心受到打击，从而在各方面都表现得不够自信。

因此，为了杜绝这些情况的发生，父母要随时注意调整自己的期望值，不能“鸡蛋里挑骨头”。首先，父母应该学会接受孩子成长中的不完美，以正确的心态教育、培养孩子，不能对孩子过分施压；其次，父母需要根据孩子的表现和成长阶段调整自己的期望值，多关注孩子的优点和进步之处，多采用表扬和鼓励的方式激励孩子，不在孩子的缺点上斤斤计较，从而促进孩子健全人格的形成和发展。

孩子的成长和进步，不仅需要自身付出努力，也需要父母的帮助和激励。好父母才能教育出好孩子，所有的父母一定要记住这点，在教孩子时，父母要根据孩子的特点和具体情况适时调整自己的期望值，帮助孩子茁壮成长。

说话演练场

小乐今年读初三，因为在学习上态度认真，刻苦用功，他的成绩已经由原来的二十名左右上升到前十名，而且，在前不久的语文竞赛中，他还得了年级一等奖。他为自己的进步感到十分高兴，也很希望能和父母分享自己的喜悦。

“爸爸，我在这次的语文竞赛中得了年级一等奖，全班就我一个人，看看，这本漂亮的笔记本就是我得到的奖励。”一回到家，他就眉飞色舞地跟爸爸说。

面对这种场景，你可能会这么对孩子说：

“怎么，都高兴得找不到北了啊？这次得第一并不代表什么，只有每次都拿第一才能说明你真正的水平。你要谦虚一点，继续努力。”

会“说话”的父母这样说：

“爸爸真为你感到高兴，能取得这样的成绩你一定付出了不少精力吧，这段时间你的确是进步了，也懂事了很多。快，拿你的战利品给爸爸看看，待会儿也让你妈妈高兴高兴。”

“我说不过你”
——能说会道，更要以理服人

新学期开始后，学校的各种兴趣班就开始报名了。彤彤很喜欢唱歌和跳舞，这个学期想报一个声乐班和一个舞蹈班，所以晚上她想跟妈妈商量一下。

“妈，学校的兴趣班开始报名了，我今年想……”

“对哦，兴趣班是应该去上的，那你报什么班好呢？要不，先去学习书法吧。书法是中国的国粹，有很深的文化底蕴，而且，字写漂亮了，考试的时候还能加分。”还没等彤彤说完，妈妈就提出了自己的见解。

见彤彤没有吭声，妈妈紧接着又说：“要不去学绘画也行，女孩子静静地坐在那里画画，能培养良好的气质，也能锻炼人的耐心和毅力。”

“嗯，妈妈……”彤彤刚准备开口说话，妈妈又开口了：“要不去报个钢琴班或者小提琴班，学学乐器能陶冶情操，说不定还可以发掘你的潜能，将来当个大艺术家。好，就这样定了吧。”

妈妈始终在滔滔不绝地说着，彤彤的嘴巴没有妈妈的快，怎么也插不上话，而妈妈似乎总也猜不到自己的心思。因此她觉得非常郁闷，一气之下，转身走进了自己的房间。

有话要说

生活中，很多父母都比较能说，这些父母在教育孩子或是发表自己的意见时通常是滔滔不绝、无所顾忌，心里想到什么就说什么，丝毫不懂得观察孩子的表情，也不顾及孩子内心的感受。结果，父母虽然说得很多，但没有几句能说到孩子的心里去。也许在这些父母看来，持续不断地对孩子说教并给孩子建议，是在表达对孩子的关心和爱护，可对于孩子而言，在能说会道的父母面前，他们会感受到一种无形的压力。尤其是那些性格内向、表达能力不怎么强的孩子，会觉得父母过于能说，实际上压抑了自己表达和交流的欲望，也是父母强权和不尊重自己的表现。这样必然会破坏亲子之间的正常沟通和交流，影响和谐亲子关系的建立。

在家庭教育中，父母应该记住的一条重要原则就是：说得多并不等于说得对、说得好，与其能说会道，不如以理服人，真正把话说到孩子心里。随着孩子年龄的增长，自主意识不断增强，他们在很多事情上都有自己的见解和主张了，一些正处于青春期的孩子甚至开始挑战父母的权威，争取自主权，出现了“不听话”的现象。此时，父母在教育孩子、与孩子进行沟通和交流的时候，重要的不是说了多少话，讲了多少大道理，而是要把话说到孩子的心里去，以理服人，让孩子信服并自愿遵从。

一个聪明的家长，想要教育好孩子，并不见得一定要伶牙俐齿，但肯定需要一个智慧的头脑。家长不仅要给孩子讲道理，更重要的是学会把话说到孩子的心里去。在生活中，父母可以在如下的一些方面加以注意：首先，父母应该懂得关心和理解孩子，多为孩子着想，多站在孩子的角度思考问题；其次，父母在教育孩子时，需要审视一下自己的要求是否合理，如果不合理，则需要及时调整；再次，父母应该多给孩子说话的机会，当孩子有表达意愿时最好耐心倾听，当孩子占理的时候，要听从孩子的意见。

能说会道固然好，但最重要的还是谈话的效果。唯有拿出尊重和理解的态度，以理服人，父母才能教育好孩子。这是所有父母都应该掌握的教育智慧。

说话演练场

夏琳是一个性格有些内向的小女孩，今年读小学五年级。她在学习态度上算是比较认真的，平时话也不多，闲暇的时候就喜欢看看书、看看电视什么的，尤其喜欢看少儿娱乐节目。每天放学回家，她总会先打开电视看上半个小时，然后再自觉地回房间做作业。一天，她正在看电视的时候，妈妈下班回来了。

“你怎么在看电视，赶紧写作业去。”妈妈说。
“我想先看完少儿节目再写作业。”夏琳回答。

面对这种场景，你可能会这么对孩子说：

“难道以前你每天放学后都是先看电视再回房间写作业的？父母辛辛苦苦地工作挣钱供你读书，你怎么这么不思进取呢？你年纪已经不小了，一定要好好听话啊，要不然你以后怎么办？这样下去肯定没前途。”

会“说话”的父母这样说：

“今天你可以先看完这期节目，但要记得待会儿要去写作业哦。父母工作忙，没有多少时间陪你，这更需要你自觉学习了。平时养成良好的学习习惯，就能合理安排自己的业余时间，这对你也是一种锻炼。”

“就没发现你有优点”
——说话片面的父母应该多反省

“早就跟你说要好好学习，在学校要遵守纪律，要表现好一些。可你总是不服管教，害得我每次家长会都出丑。”小名的爸爸刚开完家长会，在路上就忍不住数落起自己的孩子来。

“可是，我又不是故意的，老师讲课我经常听不懂，而且班里那些调皮的同学总是喜欢来招惹我……”

“唉，我怎么会摊上你这么个一无是处的孩子呢？学习不好，又很懒惰，不爱劳动，让你做的事情没有一件能做得让人满意，还经常惹祸。为了你，我不知道赔了多少次笑脸，挨了多少次批评！”还没等小名说完，爸爸又继续数落起他的缺点来。

尽管小名心中很不服气，也十分想为自己辩解一下，但他始终忍着，只是低着头默默地听着。因为他知道只要自己开口，又会招来“你还喜欢和父母顶嘴”的数落。而且，由于经常被爸爸这样数落，小名已经习惯了，他觉得在爸爸的眼里，自己就是个“一无是处”的人，也就因此放弃了努力改变的想法，索性破罐子破摔。

有话要说

在生活中，像小名父亲一样的父母并不少见。由于对孩子抱有太高的期望，或是孩子的表现的确不尽如人意，他们在“恨铁不成钢”情绪的作用下，看不到孩子的优点，满脑子都是孩子的缺点，并对孩子的这些不足表现出非常不满的情绪，从而片面地认为自家的孩子没有什么优点。

父母只看到孩子的缺点，而忽视孩子优点的做法对于孩子改正缺点、不断进步是丝毫没有好处的，甚至会毁掉孩子的自信，浇灭孩子的热情，让孩子变得越来越糟。想要帮助孩子全面发展、不断进步，父母应该先改正自己看问题片面的毛病，学会客观地看待孩子。只有父母先端正态度，客观看待孩子的优缺点，才不至于使家庭教育偏离正确的方向。在这个方面，父母应该做到以下两点：

首先，父母应该知道，每个人都有优点和缺点，会犯这样那样的错误，更何况是孩子了。在孩子成长的过程中，犯错是不可避免的，甚至可以说，正是在不断犯错、不断改正的过程中，孩子才能逐渐成长。身为父母，应该正确对待孩子在不同成长阶段表现出来的缺点，对孩子做出准确而全面的评价，引导孩子不断改进，走向成熟，而不能以片面的言论打击孩子的自信。

其次，对待缺点较多的孩子，父母应该给予更多的关心和爱护，更要悉心教育、积极引导。比如，父母在意识到孩子缺点的前提下，可以多想想孩子的优点，在批评孩子时也不要忘记及时对其良好的表现进行表扬和鼓励；要对孩子进行全面而合理的评价，学会管好自己的嘴巴，切忌说“你根本就没有优点”“你彻底没救了”之类严重伤害孩子感情的话。

正确地看待和评估孩子的行为是保证父母与孩子之间沟通顺畅的前提。那些平时总是戴着有色眼镜看待孩子，并且主观臆断、说话片面的父母应该多检讨和反思自己的行为，并且及时改正。

说话演练场

“妈妈，我不想上学了。”一天放学后，小方对妈妈说。

“为什么这样说呢？你以前不是觉得上学很有意思吗？”听到刚才小方的话，妈妈有些诧异。

“老师和同学都不喜欢我，尤其是数学老师，经常批评我，今天还说我真是笨到家了，什么优点都没有。课后同学们都因为这个笑话我，我很伤心。而且，上次我做错事情的时候，你也跟我说，我是个没用的孩子。既然这样，我为什么还要上学？”

面对这种场景，你可能会这么对孩子说：

“谁叫你的表现那么差呢？如果表现得好点，谁会那么说你？”

会“说话”的父母这样说：

“其实老师和妈妈上次说你‘没有用处’是不应该的，我们都应该反省。尽管你身上有很多不足，但总体来说还是个好孩子。如果你能好好发扬自身的闪光点，并改正缺点，肯定会受到大家欢迎的。”

“为了你，我牺牲了多少”
——别总把对孩子的付出放嘴上

“每次都把我的话当成耳旁风，这些年来为了能给你创造良好的物质条件，我和你爸爸每天辛辛苦苦地工作，有什么好的东西都留给你，你怎么还这么不思进取呢？”在家长会上听了老师对小明学习表现的通报后，小明的妈妈再也忍不住了，刚进家门就大声地训斥小明。

“其实我已经尽力了，平时也没偷懒，可那天考试的时候我感冒头疼，所以没考好……”

“还在找借口，要是你好好学习怎么会这样！你就是不争气，只顾着玩。我真是命苦啊，为了你，我不知牺牲了多少。在你小的时候，为了照顾好你，我连工作都辞了；为了能让你进入好的小学、中学读书，我和你爸爸不知费了多少心……”妈妈絮絮叨叨地一直说个不停。其实这些话小明已经听过许多次了，刚开始时他会觉得父母很伟大，可久而久之，这些话他都听腻了。而且，他觉得妈妈在他考不好时总是絮叨自己的付出与牺牲，却不想想他的感受，实在是不应该。

有话要说

一切为了孩子，只要孩子过得安逸幸福，自己付出多少都无所谓，这是很多父母都抱有的想法。同时，为了让孩子理解自己的苦心，明白自己付出的价值，一些父母总是把自己多年来的辛苦付出挂在嘴边。然而，在现实生活中，父母无止境地付出真的就能让孩子生活得好吗？父母常把自己的辛苦付出挂在嘴边，孩子就能理解吗？其实未必，还有可能适得其反。

可怜天下父母心，谁不希望自己的孩子生活得好呢？许多父母省吃俭用，把所有的钱都存下来用于儿女的教育、成长投资等。可是，父母为了子女牺牲一切的做法却未必能得到子女的理解和认同，父母常将辛苦付出挂在嘴边的做法也会引起孩子的反感。

教育家马卡连柯说："一切都给孩子，牺牲一切，甚至牺牲自己的幸福，这是父母给孩子的最可怕的礼物。"的确，多为孩子付出可以为孩子创造良好的生活环境和学习环境，但是无条件地付出和总把付出挂嘴边的做法却是很不恰当的。无条件地付出会让孩子觉得父母的付出是"理所当然"的，从而将父母的艰辛全然不放在心上。而父母总强调自己的付出会让孩子觉得这种付出是要求回报的，这不仅与父母之爱的本质相悖，而且说多了还会给孩子造成心理压力。另外，父母不是神，也希望孩子明白自己的苦心，也会因为孩子的不理解而感到伤心和遗憾。当父母的付出没有获得预期的反馈时，也会给父母的心理和情绪造成不良的影响。

在教育孩子的过程中，父母应该全方位、多角度地对孩子进行培养，不仅要关心孩子的成长环境，更应该关注孩子精神世界，让孩子的心灵充满阳光。

首先，父母要成为孩子人生的引导者和生活的榜样，要鼓励孩子自主成才。要知道，无条件地为孩子付出，给孩子足够的经济支持，不见得就是为孩子成才上了“保险”，孩子成才的关键还是靠孩子自己。因而，父母为孩子付出要有限度、有针对性。

其次，父母需要用自身的经历鼓舞孩子、以自己的行为激励孩子，而不是总停留于说教。父母应该有自己的人生目标，并为此而不懈努力，在关心孩子的同时也不忽视自己的事业和进步，这才是给孩子最好的榜样。

孩子都是在模仿中成长的，如果父母想要帮助孩子更好、更健康地成长，就应该掌握好付出的“度”，要注重榜样的建立和心灵的引导，而不能以为只强调自己的辛苦付出就可以了。

说话演练场

小艾的妈妈是市里一所学校的语文老师，不久前她得到了一次出国学习深造的机会。可当时小艾正处于小学升初中的关键时期，为了能照料小艾的学习和生活，妈妈毅然放弃了这次事业发展的良好机会。虽然妈妈也觉得有些遗憾，但想想孩子，她还是没有犹豫。可小艾并不理解妈妈的苦心，觉得妈妈是想一直留在家中监督自己。

“小艾，你在学校要好好学习哦，不要总是惦记着玩。”每天上学之前，妈妈总要这样交代小艾。

“小艾，别忘了写作业，先温习好功课再出去玩吧。”妈妈回到家常常会这样叮咛小艾。

“妈妈，你真烦，每天都要把学习挂在嘴边，我自己有分寸的。早知道你会这样，当初还不如让你出国呢！”

面对这种场景，你可能会这么对孩子说：

“你这孩子，怎么能这么说话呢，妈妈还不是为了你。这些年来，为了你，我不知牺牲了多少！”

会“说话”的父母这样说：

“小艾，妈妈放弃出国的机会，是为了更好照顾你的生活，让你没有后顾之忧地专心学习。妈妈相信你一定可以合理安排自己的学习。”

第四章

沉默是金，会倾听才能出奇制胜

“现在该我听你说了”
——掌握与孩子对话的黄金法则

李瑛的妈妈是一个商人，做生意精明能干，平时也伶牙俐齿，非常健谈。可是李瑛却和妈妈不同，她胆子很小，平时也不爱与人交流，即使受了什么委屈也总是自己一个人憋在心里。一次家长会后，班主任又向李瑛妈妈反映了李瑛上课总是不积极发言，平时太孤僻、不合群等问题，希望李瑛妈妈能帮助孩子改正。

李瑛妈妈回到家后，对女儿说：“孩子，你在学校有什么困难吗？老师怎么总说你不合群呢？”

李瑛没有说话。

妈妈又接着说：“你妈妈我这么能说会道，你怎么会不喜欢跟人交流、不喜欢表现自己呢？你不知道在这个社会，口才好也是一种很重要的能力……你怎么还不说话？”

“嗯，知道。”

“既然知道，那你怎么还这样啊，你们老师已经跟我说过好几次了，你在学校太内向、太孤僻，这样下去对你的成长十分不利。”

李瑛默默地听着，仍旧什么话也没有说。妈妈一个人说了很久很久，可是李瑛都没有什么回应，最后她也只得无奈地作罢。

有话要说

身为家长，你是否也遇到了这样的情况：有时候，当你在忙碌的工作之余，强打起精神，想要和孩子好好交流和沟通的时候，孩子却不领你的情，不是支支吾吾半天不说话，就是三言两语就把你打发了；有时候，当你在给孩子讲道理讲得津津有味，连自己都被感动的时候，孩子仍旧无动于衷，似乎一点都没有听进去；有时候，你很想关心和了解孩子，但孩子却总是敷衍你，甚至还对你的行为很不耐烦……

要做好家庭教育，并不是靠着美好的心愿或是父母单方面的努力就能实现的。想要多了解孩子，使得交流顺利而愉快地进行，父母在与孩子交谈时还应该掌握一个重要的原则，那就是“二八定律”。

1897年，意大利经济学家帕累托偶然注意到英国人的财富和收益模式。他发现，社会上的大部分财富被少数人占有了，而且这一部分人口占总人口的比例与这些人所拥有的财富数量具有极不平衡的关系。于是，帕累托从大量具体的事实中归纳出一个简单却让人不可思议的结论：如果社会上

20%的人占有社会80%的财富，那么可以推测，10%的人占有了65%的财富，而5%的人则占有了社会50%的财富。于是，我们可以进一步得到一个很多人不愿意看到的结论：一般情况下，我们付出的80%的努力，也就是绝大部分的努力，都没有创造收益和效果，或者是没有直接创造收益和效果。而我们80%的收获却仅仅来源于20%的努力，其他80%的付出只带来20%的成果。

显然，“二八定律”向我们揭示了这样一个道理，即投入与产出、努力与收获、原因与结果之间，普遍存在着不平衡关系。小部分的努力，可以获得大的收获。起关键作用的小部分，通常就能决定整个组织的产出、盈亏和成败，因此，我们做事情时应该抓住重点。家长和孩子谈话也是如此，其中的重点，就是要抓住孩子的心，学会把话说到孩子的心里。

当前，父母在与孩子交谈时常犯的一个错误，就是说得太多。父母们总是对孩子进行长篇大论式的谈话，并且还总说一些孩子根本听不懂的大道理，或过多地埋怨和指责孩子。这样的教育方式，势必导致孩子的反感和叛逆。因此，为了改变当前家庭教育的困境，父母应该尝试着做出改变。

首先，父母可以根据孩子的年龄大小和心智成熟程度把握好谈话的度。美国著名的成功学大师在教导人们怎样对话的时候，建议我们把80%的时间留给对方来发言，把剩下20%的时间用来提一些能够启发对方说下去的问题。这也就是说，父母在与孩子交谈时应该多听少说，把更多的话语权交给孩子。

其次，父母应该多为孩子创造表达的机会，在这个过程中给予引导和帮助。不管是什么性格的孩子，总有表达的欲望和喜欢诉说的事情，也需要大量的空间去表达自己，因此他们需要耐心的听众。此时父母就可以做一个好听众，鼓励孩子说出自己的想法，并且及时解答他们的疑惑。

交谈的智慧不在于说得多、说得好，而是重在效果。

父母们，当你觉得和孩子的交谈根本就没法顺利进行时，当孩子厌烦了你的话语时，你不妨试着巧妙地运用“二八定律”，这样或许可以花最少的力气取得最好的教育效果。

说话演练场

赵煜的爸爸多年来一直从事新闻工作，口才也非常好，是小区里有名的能说会道的人。他总觉得自己的儿子赵煜是个“闷葫芦”，而且做事也没有什么主见。

国庆节前夕，赵煜的爸爸问赵煜：“儿子，国庆节马上就要到了，你觉得咱们全家一起去哪里玩好呢？”

其实，赵煜很想要父母带着他去云南玩，所以他听了爸爸的询问之后很高兴。正当他想要开口的时候，爸爸却说：“唉，问你也没有用，你向来没有什么主见，还是我自己想想吧。”

“我觉得去北京不错，毕竟是祖国的首都啊；要不去海南好了，据说风光很美；或者去成都也行……”爸爸说了很久很久，却始终没有说到赵煜想去的地方，赵煜脸上流露出了很不高兴的神情。

面对这种场景，你可能会这么对孩子说：

“你有什么不高兴的，反正你又不能拿主意！”

会“说话”的父母这样说：

“儿子，怎么了？你是有自己的想法吗？现在爸爸好好听你说，你说出来让我听听吧！”

“我很喜欢听你说话”
——放低姿态，善于倾听

露露是小学四年级的学生，以前活泼开朗、喜欢表达，可最近妈妈却发现，露露变得有些沉默寡言。经过再三询问，妈妈才明白了其中的原因。原来，露露的变化，与爸爸的教育方式很有关系。

以前，露露每天放学回家后，都会把学校发生的趣事说给妈妈听。可露露的爸爸是个对孩子要求非常严格的人，希望她每天都能好好学习，所以每次当露露说起班级的趣事时，爸爸常常会打断她，并责备她说：“整天只会说这些废话，一点用也没有，你把这心思放在学习上多好，快去做作业！”

“谁说我没有好好学习了？要学习，可也要有点娱乐活动吧！”露露反驳说。

“说了你多少次了，让你别说这些废话，你还说，再不听我的话，看我以后怎么收拾你！”爸爸生气地说。露露吓得一个字也不敢说，回到自己房间里去了。从此之后，露露再也不跟爸爸说学校里的事情和自己的表现了。久而久之，即使是对妈妈和其他家人，她也很少提及这些事情，整个人都变得沉默寡言了。

有话要说

亲子之间的沟通交流是影响亲子关系、孩子性格发展的重要方面。生活中，一些父母忽视了与孩子的交流，在孩子渴望诉说时不重视倾听，时间久了，不良的影响就会表现出来。上述例子中，露露的情况就是如此。

大多数父母对孩子在生活上十分关爱，可在真正平等地对待孩子、照顾孩子自尊等方面做得却很不够。比如，当孩子学习和生活上有什么问题，向父母诉说时，一些父母总是会以“忙”为理由打断孩子的话，根本不让孩子把话说完。更有甚者，有的父母在面对孩子的倾诉时采取轻则斥责，重则打骂的态度。如果父母经常这样对待孩子，孩子就会失去和父母交流的意愿，把自己的秘密埋藏在心里，做父母的也就很难知道孩子的所思所想，这样对孩子的教育就会成为无本之木、无源之水。更严重的情况是，如果孩子的表达权长期得不到尊重，孩子还会产生对抗情绪。一些孩子还有可能因此而产生自卑情绪，严重影响自身的健康成长。

孩子都渴望有人听自己说话，在大多数的情形下，孩子与父母不沟通，就是因为倾诉得不到回应。如果父母能放低姿态，用心倾听孩子说的话，不仅能使亲子之间的沟通顺利进行，而且还会让孩子觉得，父母是尊重和理解自己的，他们很重视自己的意见和感受，从而愿意配合父母的教育，尊重和理解父母。

具体说来，在倾听孩子说话这个问题上，父母最好能从如下的一些方面多努力：

当孩子说话时，无论父母有多忙，一定要用眼睛看着孩子，不要随意插嘴，尽量表现出你很感兴趣的样子。父母应让孩子发表自己的观点，完整地倾听他们所讲的话，如果有什么反对意见，也要温和地提出，千万不要过于武断地否定一切。即使孩子说错了很多，也一定要控制好脾气，不妄下定论。

生活中，父母应尽可能地与孩子多交流。而且，应该试着用不同方法使得孩子愿意与父母交流。身为父母，在倾听孩子说话时，理应流露出尊重和关爱，营造良好的沟通氛围。

同时，父母应该学会正确倾听，不打岔、不否定、不责备，使得孩子可以畅所欲言，也便于父母了解孩子的内心世界，在此基础上才能与孩子融洽地交流。

每个孩子都有自己的心声，只有尊重孩子、积极倾听，才能够真正了解孩子的想法和感受，亲子之间才能良好沟通。

说话演练场

谭林由于小时候感冒发烧没有及时医治，留下了一些后遗症，他平时的反应就比别人慢一些，而且还有些口吃，所以在语言表达上有些困难。虽然周围的一些同学会因此而嫌弃他、疏远他，但爸爸妈妈并没有因此而放弃对他的治疗和帮助，他们每天都会听谭林讲述自己在学校的经历和趣事。

一天晚上，谭林跟妈妈又说起了学校的事情。“妈妈，今天我……很……开心！”谭琳说。

“今天学校又发生了什么有趣的事情，能跟妈妈说说吗？”妈妈询问道。

“嗯，今天，老……师表扬……我了，是因为……”谭林说了很久，才说出了这么些字，后面的一些话他憋得脸都红了，还是没有说出来。

面对这种场景，你可能会这么对孩子说：

“怎么治疗这么久了还是没有成效啊，说话这样吞吞吐吐的，我都为你着急。”

会“说话”的父母这样说：

“孩子，不急，慢慢说，妈妈耐心听着呢！你想到什么就说什么吧！你现在的表达能力比以前进步了不少，继续努力，你会做得更好的！”

“等我冷静一下再说”
——愤怒时最好闭嘴并选择倾听

韩静今年已经是初一的中学生了，她从小就乖巧伶俐，长得也很漂亮。进入初中，她的爱美之心愈加强烈，当看到班上的几个女同学会在周末化妆时，她也跃跃欲试。

一个周末，她拿出了妈妈的化妆包，学着以往妈妈化妆的样子化起妆来，可由于她什么都不懂，结果不仅把自己画成了个花脸，而且还把妈妈的化妆品弄得乱七八糟。妈妈看到了，对着她就是一阵大吼：“你这孩子，在乱搞什么？把我的化妆品弄成这样！”

“啊！”韩静一惊，手中那盒名牌粉饼掉在了地上。

妈妈见状更是怒不可遏：“你这死丫头，这么小的年纪就化妆，而且还弄坏了我的化妆品，看我怎么教训你！”

“妈妈，我……”还没等韩静说完，妈妈又开始斥责起她来。韩静无奈，只“哼”了一声就灰溜溜地离开，跑进了卫生间。

有话要说

这个世界上，没有哪个孩子是不犯错误的，有时孩子会因为不懂事、不清楚事情的后果而做错了事情；有时会因为在好奇心的驱使下做出一些出人意料的事情；有时孩子虽然想好好表现但结果却很糟糕。当孩子犯了严重的错误、惹了祸时，不少父母会很气愤，便通过训斥和责骂孩子来宣泄自己的情绪，却很少能先静下心来听听孩子的解释。带着愤怒的情绪和孩子交流是不会收获好的教育效果的。上述案例中韩静的妈妈就是如此，在愤怒情绪的驱使下，她不停地责骂批评孩子，却没能心平气和地听女儿的解释。结果女儿不仅没有接受妈妈的说教，还更加恼火了。

人的语言和行为会受到情绪的左右，父母和孩子都不例外。如果父母在生气的时候责备、批评孩子，就可能会说出不合时宜或者伤害孩子的话来，这对于教育孩子是很不利的。孩子制造了麻烦，犯了严重的错误，父母生气和愤怒是可以理解的，但如果父母因此不分青红皂白、不考虑孩子的感受，对孩子大吼大叫甚至大打出手，这就很不应该了。这不仅无法让孩子接受父母的批评教育并改正，反而会严重影响亲子之间的关系。

在批评教育孩子的时候，父母一定要注意言行的合理得当，绝不要带着愤怒的情绪批评和指责孩子，以此来发泄自己的不满。最好的方法应该是在情绪难以平复的时候先闭上嘴巴，等情绪平静了之后，再来和孩子交谈，以保证教育的效果。

即使是觉得孩子的表现实在是让人生气，父母也应该控制住自己的情绪，设法让自己先平静几分钟再说话。在实践中，父母可以尝试着用如下的方法来调整自己的情绪：先做几次深呼吸，平复一下自己的情绪，或者转移自己的注意力，多想想孩子好的表现及行为中的可取之处，让情绪在这个过程得到平复和释放，然后再仔细思考孩子的问题，对孩子进行良好的教育和引导。

说话演练场

天宇办事情向来大大咧咧，也不怎么喜欢劳动，虽然已经快读初中了，可他的房间每天总是要妈妈帮忙收拾。妈妈因此而教训了他很多次，但似乎这种情况并没有改变。

寒假的一天，天宇叫了几个同学到家里玩，几个男孩在他房间里开着很大的音乐，又蹦又跳，把房间弄得特别凌乱。后来，几个人又打算去打球，天宇关上门就和他们出去了。晚上，妈妈回来后看到天宇的房间很乱，非常生气。

“这孩子，你是怎么搞的，有点记性没有，说了多少次了，这么大的人要学会自己收拾屋子。”

“哦，我忘记了，今天下午出去得匆忙没顾上，我待会儿马上收拾！妈妈你先别生气。”

面对这种场景，你可能会这么对孩子说：

“我能不生气吗？说了你多少次了还是没有改变，真不像话！”

会“说话”的父母这样说：

“好！刚才是妈妈说话的语气重了点，因为妈妈有些生气所以才会情绪激动，请你理解。但是，你长大了，应该学会自理自立了哦。”

“我在等你说完”
——不要随意打断孩子的诉说

于涛的妈妈是一个爱唠叨的人，一看到于涛有什么表现不合她的意，她就会说个不停。可是她却很少停下来听听孩子的意见，在孩子向她倾诉的时候总是打断孩子的话。有一次，学校举办了运动会，于涛参加的是长跑，在这项比赛中，他跑出了全校第一名的好成绩。晚上，他拿着奖状和奖品兴高采烈地回到家，看到妈妈在家，便忍不住想跟妈妈分享一下自己的喜悦。

“妈妈，我们学校今天举行了运动会，我参加了长跑。参加长跑的同学很多是高年级的，水平很高……”于涛说得津津有味。

此时，妈妈正忙着打扫屋子，似乎没听清楚，就说了句：“嗯，快去写作业吧。”

“可是，我今天还是得了第一名，在前两圈的时候，我前面还有好几个人呢，我以为自己要得倒数了，谁知却后来居上……”没等于涛说完，妈妈就打断他说："你这孩子，叫你去写作业你没听到啊！整天不务正业，跑步好有什么用？重点中学能因此就录取你了？"听完妈妈的话，于涛觉得很没意思，于是悻悻地走了。

有话要说

生活中，一些父母就像于涛的妈妈一样，根本就没有耐心听完孩子的诉说，动不动就开口训斥孩子，有时甚至误解了孩子，结果伤害了孩子的心灵，令孩子从此不愿意多跟父母交流自己的想法、分享成长的经历，影响了和谐亲子关系的建立。其实，在教育孩子的过程中，如果父母能保持足够的耐心，善于倾听，不随意打断孩子的话，或许就能起到完全不同的教育效果。

如果父母总是不能耐心地听完孩子的诉说，随意打断孩子的话，可能会造成诸多消极的影响：一是会让孩子觉得自己得不到父母的尊重，长此以往，他们就会习惯于把话藏在心里，不肯对父母说；二是会让孩子觉得自己和父母的地位是不平等的，自己的表达权得不到重视，时间长了，孩子就会对父母产生对抗情绪，以致双方相互不信任、沟通困难；三是可能会影响孩子表达能力的提高和性格的发展，一些孩子可能会因此而变得自卑内向、沉默寡言。

一份调查显示：70% ~ 80% 的儿童心理问题和家庭有关，特别是与父母对孩子的教育和交流沟通方式不当有关。为了帮助孩子健康成长，父母不仅需要平时多与孩子沟通和交流，更应该在双方对话的时候多点耐心，少打断孩子说话。具体来说，父母应该做到：

首先，在与孩子交流时要学会积极倾听。其中最简单也是最重要的就是当孩子说话时，无论你有多忙，一定要眼睛看着孩子，不要随意插嘴，尽量表现出对孩子说的话很感兴趣。让孩子发表他们的观点，完整地听他们所讲的话，对于青春期的孩子更是如此。很多青春期的孩子往往有较强的逆反心理，他们不喜欢听父母说话，更不愿向父母倾诉心事，但如果他们肯敞开心扉诉说，父母一定要耐心倾听，友善地回应，尽量不要随意插嘴。

其次，在倾听的过程中，父母应始终保持平等的姿态，鼓励孩子多说心里话。不管自己对孩子的言语或行为持赞成、欣赏还是批判、反对的态度，都应该先听孩子把话说完，然后再发表自己的意见。如果不赞同，也要告诉孩子你不赞同他的什么观点，并说出理由。当孩子感受到自己被积极倾听了，他也会更加愿意听父母的话。

在与孩子交流的时候善于倾听、不随意打断孩子的话是保证亲子沟通顺利进行的法宝，父母们一定要好好学习和掌握。

说话演练场

小莫是一个想象力特别丰富的孩子。每天，他的头脑中总会产生许多稀奇古怪的念头，而且他也非常喜欢和人分享自己的想法和观点。老师常常夸他聪明，可是爸爸却觉得他就是因为经常把心思花在胡思乱想上，成绩才会一直这么差。

有一天，在吃早饭的时候，小莫又有新的想法想跟爸爸说说。于是他高兴地对爸爸说："爸爸，我昨晚做了一个梦，很神奇的梦。"

"你又在想什么乱七八糟的东西了，做梦有什么神奇的！"爸爸回应道。

"可是，我的梦境的确很神奇，在梦里，我梦到自己制作了一个超级机器人，我还真切地记得他的样子，我想我能……"

面对这种场景，你可能会这么对孩子说：

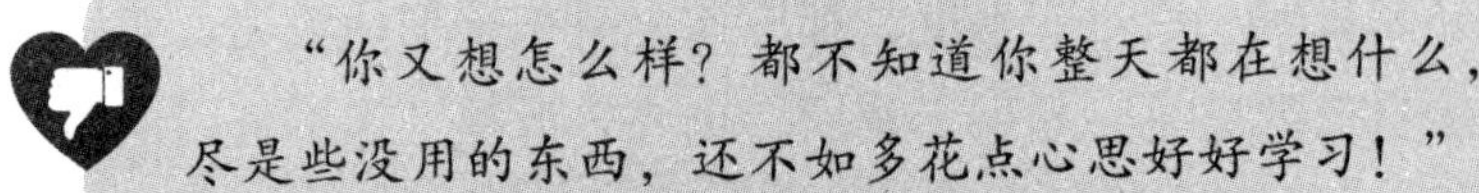

"你又想怎么样？都不知道你整天都在想什么，尽是些没用的东西，还不如多花点心思好好学习！"

会"说话"的父母这样说：

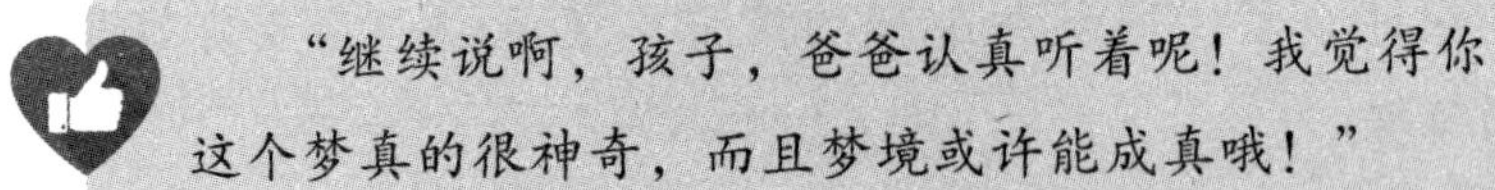

"继续说啊，孩子，爸爸认真听着呢！我觉得你这个梦真的很神奇，而且梦境或许能成真哦！"

“安静点，现在不是你说话的时候”
——不要急于纠正孩子的“出格”

小志今年上小学五年级，他开朗活泼，有些调皮。在家里，他整天嘻嘻哈哈，非常好动，在学校，他也时不时会惹老师生气。

有一次，妈妈带着小志去听一个专家关于亲子教育的讲座，小志和妈妈就坐在离讲台最近的位置。谁知，当小志听专家说到“孩子的缺点很多，父母应该注意批评和引导”时，忽然站起来说了一句：“每个孩子的优点也很多，需要得到表扬和鼓励。”之后，专家停止了说话。

面对这情景，妈妈有些不知所措，连忙制止小志：“说什么呢？安静点，现在不是你说话的时候！”说完还打了一下小志。

“我本来就没有说错，是专家说得不全面。”小志还在嘀咕。

“不管你说得对不对，现在就不是你说话的时候，给我安静点，否则我就揍你！”妈妈压低声音说。

尽管如此，专家还是清楚地听到了母子俩的话。讲座结束之后，专家谦虚地承认了自己说话不全面，并以小志的行为为例，建议家长们不要急于纠正孩子的“出格”行为和语言。

有话要说

现代社会中，孩子接触社会、接触新事物更早、更广泛，这使不少孩子容易突发奇想，有意无意地做一些“出格”的事或者说出一些“出格”的话来。这常常令不少秉持传统观念的家长感到苦恼和无奈，上述例子中小志的行为及妈妈的反应就是其中的一个缩影。

在传统的家庭教育观念中，孩子是需要被约束、被管教的。而家长是教育和管理的主体，很多家长以此为标准，对孩子要求严格。一旦孩子做出出格的事情或说出“出格”的话，家长们总是会说“不许这样”“不能那样”“现在不是你说话的时候”“你这样说是不对的”等话，以此制止孩子的行为和语言，有时还会责骂和打孩子。可是，父母的这种教育方式有时不仅不能令孩子信服和遵从，反而还令孩子变得更加叛逆，这不得不令我们反思。

如今，有不少教育专家认为，孩子正处于成长的过程中，过分地压抑其行为，容易使他们产生保守心理、怀疑心理和不稳定感。传统的针对孩子的“出格”行为和语言的教育方式显然对于孩子的健康成长十分不利。有专家还指出，适当的“出格”有利于培养孩子的独立思考能力和创造性，调节孩子的情绪，增强孩子的探索欲。只要孩子的“出格”没有超出合理限度，父母都应该宽容对待，对孩子加以正确引导，调动他们的主动性和创造性，这样才有利于将“出格”的孩子培养成才。

那么，父母应该如何对待孩子的“出格”行为和语言呢？如下的一些意见父母不妨听一听。

首先，父母应当正确理解孩子的“出格”。父母应该明白，孩子有时之所以做出一些“出格”的行为，说出一些“离经叛道”的话，其实是孩子思考能力、思维方式日益成熟的表现，是孩子成长过程中心理发展的一种正常表现。尽管很多时候孩子说的或做的并不正确，但孩子并非真的学坏了。

其次，当父母发现孩子有“出格”的行为和语言，尤其是这些语言和行为是错误的时候，需要进行正确的引导，但一定要注意采取恰当的方法。当这种情况发生时，父母一定要注意给孩子一个平等对话的机会，避免因为教育方式简单粗暴而伤害了孩子的感情。此时，父母最好的做法就是主动聆听和多聆听，等孩子把自己想说的说完了之后，再发表意见，并进行教育和引导。

总之，合格的父母应该尝试着接受和理解孩子的“出格”，善待孩子的“出格”，从而引导孩子走向精彩的人生。

说话演练场

熟悉梦缘的人基本上都知道她是一个聪明好动、伶牙俐齿的孩子，喜欢在别人面前表现自己。她的父母一面为孩子的开朗大胆而感到高兴，一面又为孩子的出格行为而感到担心。

一次，妈妈带着梦缘参加单位组织的元旦晚会。谁知，在晚会进行到一半的时候，梦缘看到台上的叔叔阿姨表演得那么欢快高兴，自己也想上台表演一番。于是，她对妈妈说："妈妈，我想上台表演个节目！"

"你能演什么节目啊，歌唱得不怎么样，舞也不会跳！"

"可是我就想去啊！"说完之后，梦缘竟不顾妈妈的反对，径自走上舞台，现场朗诵了一首诗歌。可由于没有准备，梦缘的表现并不理想，她下台后有些不高兴。

面对这种场景，你可能会这么对孩子说：

"我怎么说来着，没什么本事还逞能，这下丢人了吧！"

会"说话"的父母这样说：

"孩子，你今天的表现已经不错了！妈妈很高兴你能积极表现。可是，你的诗歌好像朗诵得并不流利，如果你以后做事情前能先准备好，可能结果会好很多哦！"

“原来是这样”
——用积极回应助推孩子表达

跃然已经小学四年级了，性格活泼开朗，平时话就特别多。在学校，他在下课时间总喜欢跟同学们说说笑笑，上课时间也会偶尔和同桌说说悄悄话，回家之后，他更是喜欢聊天。无论是对谁，他总有说不完的话，尤其是对妈妈说自己遇到的一些事情，他的话匣子一打开，就会一直说很久。

有天晚上，跃然又开始对妈妈诉说自己今天在学校的表现了。

“妈妈，我今天知道了很多秘密，也做了几件好事。”跃然兴奋地说。

此时妈妈正忙着处理工作，根本就没有什么心思听儿子说话，但又不忍心打击孩子的积极性，于是说：“嗯，好，你说说。”

“今天，我才知道我们班新来的吴老师居然就住在咱们小区，就在离我们家不远的那栋楼。还有，今天兰兰告诉我，她下学期准备转学了，因为她爸爸要去另一个市当局长……”跃然滔滔不绝地说着，还时不时地看看妈妈。可妈妈只是“嗯嗯”地应着。

说着说着，跃然觉得妈妈实在是听得心不在焉，于是就停了下来，有些生气地走开了。

有话要说

现实生活中，当遇到的事情比较复杂时，一些孩子会由于种种原因无法连贯、准确地说出自己的感受和想法，有时会出现词不达意、表述不清的情况。有时孩子还会因为兴奋而说个不停，在语言上重复啰唆，尤其是一些年幼的孩子，口头表达能力还很欠缺，在交流时更是如此。当孩子出现这种情况时，父母千万不能表现得过于急躁，随便打断孩子的话，更不能因此而责备、讽刺孩子，而应该给孩子思考的时间，多引导和帮助孩子。要知道，孩子还处于不断成长的过程中，总有很多需要改进的地方。

在家庭交流中，父母常犯的一个毛病就是说得多而听得少。有些父母会过早地对孩子进行长篇大论式的谈话，并且还会用一些孩子听不懂的词。而在孩子诉说的时候，他们则会显得不耐烦，尤其是在孩子表达不清、说话有些啰唆的时候，他们会试图阻止孩子的表达，这其实是很不应该的。

要想做合格的父母，就应该多跟孩子交流，而想要达到良好的交流效果，父母就应该掌握说话和倾听的技巧。尤其是在孩子表达困难或者不愿意说出真实情况的时候，父母最好的应对方式就是用积极的语言给予回应，对孩子进行良好的引导，帮助孩子进行表达。比如，当孩子说有什么事情想要跟父母说的时候，可说到一半却欲言又止的时候，父母不要责怪和批评孩子，而应该耐心地询问原因，并引导孩子将内心的想法和感受表达出来；当孩子不知道该怎么表达时，父母最好也不要着急，更不能逼迫和责骂孩子，要学会引导和帮助孩子。

以平等的姿态与孩子对话和交流，在孩子倾诉和遇到表达障碍的时候引导和帮助孩子，鼓励孩子说出真心话是父母与孩子沟通时应该做好的事情，也是家长的必修课之一，做好这些，亲子之间的关系才会更和谐。

说话演练场

小伟是家里的“小喇叭”，只要他在家里，家里就会非常热闹。平时爸爸妈妈工作都很忙，小伟有什么事情都会先跟爷爷奶奶说，之后等父母有空的时候再告诉父母。可有时候，小伟更加希望能多和父母说说话，讲讲自己感兴趣的事情或是自己的想法。

一天，小伟见爸爸下班回家后，坐在沙发上看报纸，就忍不住想跟爸爸说说话。

“爸爸，您今天下班真早。”小伟说。

“嗯，我今天的工作很顺利，所以就早些。”

“您有时间陪我说说话吗，我觉得似乎已经很久没跟您聊天啦。”

面对这种场景，你可能会这么对孩子说：

“有什么事情你就直接说吧。说完我还要看报纸呢！”

会“说话”的父母这样说：

“是哦，爸爸也觉得。最近工作有些忙，没顾得上听听你的心里话，趁着今天有时间，咱爷儿俩好好聊聊！”

“你的意思是……”
——善于听孩子话语的弦外之音

李铮是某市重点中学的一名学生，不仅在班上担任班长，还在校学生会任职，在同学中可以算得上出类拔萃。可最近，向来自信乐观的李铮有了心事。原来，他在不知不觉中对班上的一名女生产生了好感，他觉得有些困惑和迷茫，于是想把自己的心事跟妈妈说说。

一天晚上，妈妈正在电脑前加班，看妈妈已经快忙完了，他走了过去，没有直接说自己的事情，而是试探性地问妈妈：“妈，你累了吗？”

“儿子，妈妈不累。”

“妈，你晚上回家还要工作，一定很辛苦，我给你捶捶背吧！”

“儿子，妈妈知道你懂事，可我现在还没忙完呢。”

听了妈妈的话，李铮知趣地走开了。后来，妈妈转念一想，觉得儿子今天的举动异常，应该有什么事情想跟她说。于是，她放下了手中的工作，说："儿子，妈妈忙完了，你有什么话想跟我说吗？"

于是，李铮把自己的问题和困惑向妈妈诉说了一番，经过妈妈的开导和教育，他顿时觉得轻松了很多。

有话要说

随着年龄的增长，孩子的语言表达能力、思考能力等各方面的能力会不断提高，孩子渴望被尊重、被认可、被理解的愿望也会日渐强烈，尤其是对于父母，孩子的期待会更多。但有时候，孩子又常常出于一些特殊的原因不愿意或者不便把心中的想法直接告知父母，而是会使用一些别的方式，此时父母就应该多悉心观察孩子的举动，揣摩并理解孩子话语中的弦外之音。上述例子中，李铮的妈妈在这方面就做得很好。

孩子和大人一样，也都希望被尊重和理解，尤其是当他们向父母倾诉的时候，可是因为每个孩子的个性和具体的情况不同，他们可能会出现一些欲言又止、说话拐弯抹角的情况，使交谈不那么顺畅。通常而言，性格内向的孩子比外向开朗的孩子说话更含蓄。当然，一些特殊的情况也会促使性格外向的孩子采用含蓄的表达方式。如当孩子意识到自己做错了事情，会觉得尴尬而难以启齿；当孩子表现不佳，会出于自尊心、怕挨骂等心理而不愿意把心中的想法告诉父母；

当孩子遇到了一些困惑，出于害羞心理而不敢将实情告诉父母等。此时，孩子常常会通过一些特殊的方式，如说一些不着边际的话、说话时欲言又止、故意搭讪或奉承等来表达，如果父母粗心，只注意到孩子表面的话语，而没有细细思考孩子话语的弦外之音，极可能忽略孩子的真正需求。

因此，父母在与孩子交谈时不仅要善于倾听，更应该多用心，学会听懂孩子的弦外之音，具体来说，父母需要做好这些方面。

首先，父母应该多关心和了解孩子，多留意孩子的性格和行为等的变化。在日常生活中，父母应该关心和了解孩子，对于那些性格偏于内向、说话时习惯于“拐弯抹角”以及不善于直接说出自己想法的孩子，父母在交流时更应该多思索和观察。因为这类孩子内心的想法和感受往往不是表面上说的那么简单，也许有着更为深层的内容。

另外，父母可以通过孩子平时习惯的改变，了解孩子的情绪变化。比如当孩子情绪低落、做事没有精神，当平时贪吃爱玩的孩子不吃、不玩的时候，父母就应该凭借经验去推测孩子的问题，或者用直觉去感受孩子的问题。

其次，父母在与孩子交谈时既要善于听，也要细致观察，同时还应该多考虑孩子的感受。在与孩子交流时，父母不仅要关心孩子口中说出来的话，还应该用心了解和观察孩子的肢体动作和神情，猜测孩子话语的“弦外之音”，以便更好地了解孩子的需求，有针对性地帮助孩子解决问题。

当然，父母还可以通过日常的交流了解孩子每天的行为和想法，从揣摩孩子的心思、感受出发，了解孩子的具体情况，听出孩子话语的“弦外之音”。

说话演练场

李姿听话懂事，为人聪明上进，总能很好地安排自己的学习和生活，很让父母省心。今年暑假，她们学校准备举办一次夏令营活动，规定在校学生可以自愿报名参加，李姿非常想参加，可又担心妈妈不同意。

一天吃完晚饭后，她见妈妈一个人在收拾厨房，于是跑了进去，对妈妈说：“妈妈，你在收拾厨房啊，我来帮帮你吧！”

“不用了，厨房这么脏，你还是先出去吧，小心把衣服弄脏了。”

李姿并没有走，而是说：“没关系，妈妈，你平时上班很辛苦，下班了还得操持家务，我早就应该多帮帮你了！”接着又说道：“今年暑假我们学校准备举办一次夏令营活动，规定自愿报名，小泉和群群她们都说要去。”

面对这种场景，你可能会这么对孩子说：

“都说不用你帮忙了，你只会越帮越忙！妈妈现在正忙，你先出去吧，有事以后再说！”

会“说话”的父母这样说：

“哦，我知道了，原来你是想来帮忙，顺便跟妈妈商量一下夏令营的事情啊，好吧！”

“给你一个温暖的拥抱”
——让表情和动作为你加分

陈耐读小学时学习很认真，成绩也非常好，可进入初中之后，他的成绩却退步了。爸爸妈妈对陈耐的期望值很高，经常对陈耐说：“你一定要好好学习啊，这样你才会有好前程，父母才会开心！”

一次期末考试，他只考了班级第十二名。那天晚上，当陈耐把成绩单给妈妈看时，妈妈的脸色一沉，显得有些失望，然后叹了一口气，就把成绩单放下，去做别的事情了。虽然妈妈当时并没有指责陈耐，可陈耐明显地感觉出了她的失望与不满。于是他走出去，带着安慰的语气对妈妈说：“妈，我这次没考好，你是不是有些伤心啊！”

“没、没有，妈妈知道你是个乖孩子，继续努力吧！”

“妈，我知道你的心里并不是真的这么想，我从你的表情和动作中已经看出来了，但是你放心，我下次一定努力考好，不辜负你们的期望。”

妈妈一时不知道说什么好了，尽管她并没有指责孩子，也想掩饰自己的失望，但还是被孩子看出来了。

有话要说

人与人之间的沟通和交流，不仅靠说话，也靠表情和动作。心理学家认为，在人际交往中，身体语言能比口头语言传递更多的信息。我们用语言所传达的信息不会超过这些信息的30%，而其余70%的信息是通过非语言的方式进行表达的。在父母与孩子的交流中，表情和肢体语言的所起的作用是非常明显的，父母的表情、语气和交谈时的肢体动作传达的信息决定了亲子之间的沟通质量。

上述例子中的陈耐妈妈虽然没有说出责骂的话，她不想让孩子知道自己的失望，可其表情和动作却已经将这些信息直接传递给了孩子，同样伤害了孩子的心灵。事实上，孩子对于父母表情和动作的敏感程度，远远超过了父母的想象。即使是那些几个月大的婴儿，虽然他们并没有语言表达能力，也不怎么听得懂父母的语言，可他们却也能从父母的表情和肢体语言中感觉出其态度。当孩子长到更大一些，他们会变得更善于观察父母语言之外的表达，懂得从表情和动作上了解父母的想法。而对于青春期的孩子来说，父母的表情和动作则更是他们关注的内容。孩子不仅能很好地体会父母的言外之意，还会通过这些语言之外的东西来获得更深的认知。因此，身为父母，不仅要懂得说话之道，掌握一些说话的技巧，更要善于运用适当的表情和动作，以此传递更多的信息和关爱，从而为你的语言加分。具体来说，父母可以注意如下两点：

首先，父母可以在平时的生活起居中多关心孩子，善于运用能让孩子感到舒适的表情和动作。父母可以经常在孩子面前保持和蔼微笑的表情，对孩子说话轻柔一些，做事时尽量考虑孩子的感受；在与孩子交流时，父母可以多平视孩子，语气平和地与孩子对话，让孩子感受到尊重和平等；平时还可以多跟孩子进行游戏互动，在这个过程中多一些亲密的肢体动作，让孩子感受到温暖和呵护。

其次，在孩子情绪不佳或遇到困难时，父母更应该重视发挥表情和肢体动作的作用。当孩子因遭受挫折而闷闷不乐时，父母除了要在言语上安慰孩子，还可以通过表情把自己的理解和宽慰传递给孩子，同时还可以给孩子一个温暖的拥抱，让孩子感受到你的关爱和支持；当孩子感到高兴时，父母也可以通过表情和动作表达自己的愉悦情绪，给孩子一些鼓励和表扬。

父母的一颦一笑，甚至说话的口气，都可以向孩子表达出自己的情感。适当地运用这些肢体语言，让孩子更好地感受到关爱和呵护，亲子之间的沟通会更加顺畅！

说话演练场

王磊平时学习很用功，成绩也一直在年级名列前茅。可是，在中考的前几个星期，由于从小一直非常疼爱自己的外婆去世了，他非常伤心，因此上课注意力不集中，学习上似乎也一下子没了心思，成绩退步非常明显。

爸爸知道情况后，就询问原因道："孩子，你最近怎么了？状态很不好啊！"

"虽然外婆已经去世一段时间了，可我还是很难过，想想外婆以前对我那么好，可是以后我再也见不到她了，学习起来就觉得很没劲。"王磊回答说。

面对这种场景，你可能会这么对孩子说：

"你怎么这么不争气，难过和哭有什么用？"

会"说话"的父母这样说：

"我知道你对外婆的感情很深，心里一定很难过，其实我们大家又何尝不是这样呢？只是人死不能复生，何况，如果外婆在世的话也不希望你这样萎靡不振啊！来，爸爸今天给你一个拥抱，你可以靠在爸爸的肩上，想哭就哭吧，但哭过之后要振作起来。"

第五章

批评教育，也要懂点说话艺术

“待会儿咱们再聊”
——批评教育要选好时机

晓园今年已经上初一了，她一直是个懂事的孩子。可是最近一段时间，她因为迷恋上了某位歌星，整天沉迷于追星而耽误了学习。在一次期中考试之后，晓园得知自己已经由原来的班级前十名退步到了三十名，觉得十分后悔和伤心，决心从今以后改正。

晚上回家之后，她什么话也没有说，径自走进了房间。妈妈见状，连忙问：“女儿，你今天是怎么了，好像看起来不高兴啊？”

“嗯，我心烦，你先让我静静吧。”

“这么小的年纪有什么好烦的事情，你说说看吧。”

“我这次期中考试成绩很不理想，已经退步了二十名了，都怪我这段时间总是想着追星，没什么心思学习。”

“你现在知道错了啊，那你前段时间干什么去了？我上个月已经说了你很多次，可你就是不听，还说你自己有分寸，可现在呢？真是个不懂事的孩子，待会叫你爸爸好好教训一下你！”

晓园本来就觉得难过后悔了，可挨了妈妈这么一顿批评，觉得很委屈，便哭了起来，她觉得妈妈并不关心自己。

有话要说

晓园本来就是一个听话懂事的孩子，她在知道自己的成绩明显退步之后立即进行了反思，也决心改正，此时她最需要的就是亲人的安慰和鼓励。可妈妈在知道她的情况之后，非但没有安慰她，反而当场就对她进行了批评和指责，这让原本就伤心后悔的晓园不堪忍受。在上述的这个例子中，晓园妈妈因为没有掌握好批评教育的时机和方式，以至于影响了母女之间的关系。

每个孩子都是独立的个体，他们不仅仅满足于被爱、被教育，他们更渴求得到尊重和理解，希望在自己开心的时候，父母能一起分享；在自己伤心难过的时候，能得到父母的关心和鼓励；在自己需要帮助的时候，父母能给予支持而不是批评和指责。如果父母不能很好地照顾孩子的这些感受，经常在不恰当的时机，采用不适当的方式对待孩子，结果不仅不能教育好孩子，还可能适得其反。

在教育孩子的过程中，批评教育是必不可少的。可是，批评教育也不能不分场合、不分时机地盲目进行，而应该讲究一点沟通的艺术，根据具体情况，选择教育的方式和时机。

在这些方面，父母在平时应该注意：

首先，父母需要意识到批评教育孩子选择时机的重要性，而且对于孩子的批评应该合理。在批评教育中找准时机很重要，只有时机选对了，孩子才能把父母的话听进去，教育才有效果；如果时机选得不对，父母说得再多，孩子什么也听不进去，这样的教育便是无效的。父母在批评和教育孩子时一定要意识到这点，并且努力践行。同时，在批评孩子时，父母还应该掌握合理、得当的原则，批评合理才能使孩子从心理上接受，才有可能纠正孩子的不良品德、不良行为、不良习惯与不良学习态度。把批评的话说到点子上，孩子才能明白父母话语的意思，从而改正。

其次，父母应该知道不适宜批评孩子的一些时间点。尽管孩子随时都有可能犯错，但父母对孩子的批评却不能随时随地进行。一般来说，父母尽量不要在清晨、吃饭时、睡觉前以及孩子受委屈的时候批评孩子。在清晨批评孩子，可能会影响孩子一天的心情；在吃饭时批评孩子，孩子的食欲将受到影响，这对孩子的健康不利；在睡觉前批评孩子，会影响孩子的睡眠，不利于孩子的身体发育；在孩子做错了事情但已经受伤或受委屈的时候批评孩子，会严重影响孩子的情绪和心理，使孩子觉得父母不爱自己、不关心自己。

总体来说，在孩子犯错时，父母最好先给孩子一段冷静和反思的时间，等孩子的情绪平复后再进行教育和说理，这样效果会更好一些。

说话演练场

张洛性格活泼开朗，有些顽皮，虽然他在学习方面很自觉，没让父母费心，可是在生活方面，却总是让父母操心。

有一次，张洛在放学后和同学一起到离家不远的小树林里玩，几个孩子比赛着爬树。谁知，张洛一不小心，从树上摔了下来，脚扭伤了，手上也擦破了皮。几个孩子见状，马上护送张洛回家。

回家后，爸爸见到了受伤的张洛，问："儿子，你这是去哪里玩去了，怎么受伤了？"

"我们去附近的小树林里爬树，我一不小心，从树上摔了下来，我的手和脚现在都好疼啊！"

面对这种场景，你可能会这么对孩子说：

"活该，谁让你这么顽皮来着，我和你妈一直教育你要好好听话，可你总当耳旁风，现在受到教训了吧！"

会"说话"的父母这样说：

"先别说这么多了，看你好像伤得有些严重，咱们先一起去医院检查一下，处理下伤口吧，具体的情况咱们待会再说。"

“我想和你说点悄悄话”
——不要当众批评孩子

韩敏的妈妈很关心儿子的成长，平时对儿子的要求也比较严格。为了能帮助韩敏提高学习成绩和综合素质，她不知费了多少精力，甚至因此几次放弃了自己事业的发展机会。韩敏的妈妈属于比较健谈的人，无论遇到什么人，总喜欢拉拉家常，在教育孩子时也稍微有些啰唆。

一天，妈妈的两个同事到家中做客，几个人分别说起了自己孩子的成长话题。韩敏的妈妈看了儿子一眼说：“我这个儿子啊，真不让人省心，调皮、贪玩，总喜欢看电视、上网、玩游戏，前几天在学校上课时用手机玩游戏，手机都被老师没收了，我现在也不知道怎么才能教育好他了。”

听到这些，正在看电视的韩敏有些不高兴了，心想，这都是多久以前的事情了，于是他忍不住嘟囔了一句：“都多久之前的事了，还提！”

妈妈见状，说：“怎么，你还不服气了！”

“妈妈，我已经很久不上课玩游戏了，而且我现在看电视、上网也都有分寸，并没有影响学习。我上次玩游戏，你不是已经批评我了吗，怎么现在还要拿出来说啊？”说完这些，韩敏不高兴地走开了。

有话要说

生活中，一些父母总喜欢教训孩子，数落孩子的不是，不仅是在家的时候如此，而且当着众人的面也会不自觉地批评教育孩子，上述例子中韩敏的妈妈就是如此。在教育和培养孩子的过程中，父母应该讲究一定的方式方法，顾及孩子的尊严和感受，并以帮助孩子的健康成长为目的，而不能动不动就摆出家长的架势，用长辈的权威压人。这样除了恶化亲子关系之外，对于帮助孩子健康成长是没有多大好处的。

英国教育家洛克说过：“父母不宣扬子女的过错，则子女对自己的名誉就愈看重，他们觉得自己是有名誉的人，因而更会小心地去维持别人对自己的好评；若是你当众宣布他们的过失，使其无地自容，他们便会失望，而制裁他们的工具也就没有了，他们愈觉得自己的名誉已经受了打击，则他们设法维持别人的好评的心思也就愈加淡薄。”在这个世界上，很少有人会愿意把自己的缺点和不足暴露在众目睽睽之下，孩子也不例外。所以父母在教育孩子的时候，一定要照顾到孩子的这种需求和感受，千万不要当众批评自己的孩子。

在教育孩子的时候，无论孩子犯了多大的错误，表现得有多糟糕，父母都不应该在人多的场合批评教育孩子，而应该采取灵活的教育方法。如先不批评孩子，等回家之后再进行教育，或者把孩子拉到一边，尽可能小声地单独跟孩子说。

不当众批评孩子其实是尊重和关爱孩子的表现。每个孩子都有被爱、被保护的需求，也渴望得到尊重和保护。父母当众批评孩子容易使孩子自尊心受到伤害，久而久之，还会使孩子产生敌对心理。而如果父母能在没有外人的情况下，对孩子进行善意的批评，并指出改进的措施，这样既能保全孩子的面子，避免孩子的自尊心受挫，也能让孩子觉得父母是发自内心关心和尊重他的。这样一来，孩子才愿意多跟父母交流，多听父母的意见。

不当众批评孩子有利于帮助孩子培养自重、自爱、自尊的品格，帮助孩子健康成长。孩子通常会将父母避免当众批评自己的行为当成尊重自己、理解自己的表现。父母重视这些细节，孩子在与人交往的时候，就既能尊重他人，又能自尊自爱，这对于孩子建立起良好的人际关系的同时又免于迷失自我有着至关重要的影响。

总而言之，避开在公开场合当众批评孩子是父母在教育孩子时应该重点掌握的一条原则。做好了这一点，父母与孩子之间的交流才会更加顺畅，亲子关系也会更加融洽。

说话演练场

崔媛觉得自己越来越不喜欢妈妈了，因为妈妈总是对她管得太多太严，而且总喜欢在外人面前数落自己，丝毫不顾及自己的感受。为此，她没少跟妈妈发生冲突。

一个周末，崔媛带着几个朋友来家里聚会，大家一时兴起，就互相打闹嬉戏，把家里弄得有些乱。此时妈妈回来了，看到这样情景，大声地喊："媛媛，你们怎么搞的，把家里弄得这么乱？"之后，妈妈还边收拾屋子边教训崔媛："这么大的孩子了，一点都不知道整洁。"

崔媛听后，有些不高兴了："妈，还有这么多同学呢！"

面对这种场景，你可能会这么对孩子说：

"有什么，又不是外人，说你几句就不行了？你就是懒，不爱整洁，平时我是怎么教育你的？"

会"说话"的父母这样说：

"这么多同学一起玩，你应该很高兴吧，你们先尽情玩，待会我再来收拾。"

“其实我也有责任”
——批评孩子前先自我批评

东东和多数学生一样，非常喜欢放寒暑假，因为放假了就有很多时间和小伙伴们一起玩耍了。在放假后的第二天，见天气晴朗，他便和小伙伴们一起到院子中玩耍，直到中午吃饭时才回家。由于兴奋，他蹦跳着跑客厅，一不小心绊倒了凳子，还把妈妈放在凳子上的盘子打翻了，盘子里的黄豆滚了一地。

正在厨房的妈妈听到响声，出来看到这一情景，马上就嚷嚷开了：“你这孩子，没长眼睛啊？我刚刚炒好的豆子就这样被你糟蹋了，你的眼睛究竟是用来干什么的？”

东东本来也觉得有些愧疚，可听妈妈这么一说，也有些恼火，于是顶嘴道：“你的盘子也没放对位置啊，为什么不放在桌子上？你明知道凳子容易被绊倒还放在这儿，而且还是在门口不远处，即使不是我绊倒的，别人也可能绊倒。”

“妈妈是因为忙才没来得及拿走的，你还好意思顶嘴，你就是毛躁，什么时候都这样。”妈妈的这句话让东东更加来气了，于是他一个人进了房间，重重地关上了门。

有话要说

很多父母在教育孩子的时候，一旦发现孩子做错了事情或者表现糟糕，总习惯于指责孩子。比如当孩子不讲卫生的时候会责骂孩子；当孩子考试没考好的时候会教训孩子；当孩子做事鲁莽的时候会数落孩子的不是，等等。却很少有父母在批评孩子之前能自我反省和自我批评一下。这就像上述例子中的东东妈妈一样，她将盛黄豆的盘子放在门边容易被绊倒的凳子上，本来也有不对的地方，可在东东犯错时却没能意识到自己的错误，只是一味地责备孩子，这其实是很不应该的。这样的指责不但对于帮助孩子改正错误没有任何好处，反而会破坏孩子的心情，使得原本和谐的亲子关系恶化，阻碍亲子之间的沟通。

其实，在孩子出了问题时，父母要做的并不是马上指出孩子的错误，进行批评指责，而应该先检讨自己的做法和自己教育过程中存在的问题，然后再想想什么样的教育方式才是最容易让孩子接受的，也最有效果。要知道，孩子当前的表现以及孩子身上存在的许多问题，并不完全归咎于孩子自身，父母也是有责任的。比如，孩子娇生惯养，在一定程度上是由于父母平时对孩子的过分溺爱，凡事总喜欢包办，从而让孩子丧失了独立的品格；孩子为人小气自私，也有可能是从父母那里学来，如果父母平时总喜欢斤斤计较，孩子长期受到影响，也会在不自觉中形成这种性格；孩子在品行上有问题，父母也是难辞其咎的，正因为父母疏于管教或在管教时不讲究方法，孩子才会发展成今天的样子。如果父母在教育孩子的过程中能够意识到这一点，并且在批评孩子的时候先承认自己的错误，进行自我批评，或许孩子才更容易接受，也更容易效仿良好的行为，主动认识错误并改正。

另外，父母在教育和批评孩子之前先进行自我批评，这样能使孩子获得心理的平衡，更容易感受到父母是以一种平等和尊重的姿态与自己对话，父母所做的一切都是为了自己好，从而更好地接受父母的教育和建议，增进亲子关系。

说话演练场

蓉蓉在家和学校里一直是一个比较听话懂事的孩子，其他各方面的表现都很好，只是有丢三落四的毛病。有一次，她回家做完作业之后忘记把书放进书包里，第二天早上就没有拿去学校。第二天，妈妈看到她的书又落在了家里，也知道她早上上课可能会用到，于是就在课间时将书送到了学校。

“蓉蓉，你的书本忘在家里了，我知道你早上要用，所以就赶忙给你送来了，没耽误吧？”妈妈问。

“今早是要用，我正准备下节课跟同桌一起看呢。你何必跑这一趟呢，多费事啊！”蓉蓉说。

面对这种场景，你可能会这么对孩子说：

“这孩子，怎么能这么说话，妈妈辛辛苦苦帮你送来，到落得个不是了，早知道就不帮你送了！”

会“说话”的父母这样说：

“没事，我今早刚好有时间就送来了，顺便来看看你。其实你丢三落四妈妈也有责任，没给你做好榜样，没帮你及时改正，养成好习惯。”

“这里还可以改善一下”
——批评纠错要委婉

为了迎接国庆节的到来，马力所在的学校准备举办一次合唱比赛，要求学校每个班级的每一名同学都要参加。马力所在班级的班主任很看重这次比赛，所以在每天放学后都会组织同学们一起排练。

马力从小就五音不全，以前也从没上过舞台，所以十分珍惜这次难得的机会。因此他不仅在学校排练时很卖力，到家后也会练习一会儿。一天，马力正在练唱，由于原本的基础不好，他唱错了好几个音。坐在一旁的妈妈实在忍不住了，便大声说：“这唱的都是什么啊，真难听，而且就这么几个简单的音都唱错了，也不知道你是怎么学的。”

马力听后有点难为情，可还是争辩道：“我这是在练习呢，老师让我们平时多练习，这样到比赛的时候才能发挥好！”

“就你这水平，还发挥呢？我觉得你还是跟老师说说，别上台了吧，唱得都不在调上啊。”听了这句话，马力泄气了。在之后的排练中，他也没有以前那么认真了，甚至从此之后，他一提起唱歌就很没有自信。

有话要说

在现实生活中，不只是父母会对孩子有所期待，多数孩子也都渴望实现父母的愿望，他们都希望把事情做好，尽量让父母满意，得到父母的认可和欣赏。与此同时，孩子和大人一样，也都是讲面子的，即使在自己犯了错误的时候也是如此，大多数孩子在表现不佳或者做错了事情时，其实他们的心里也是有些难过和着急的，此时他们最需要的就是得到别人的理解、安慰和帮助。父母此时的确有必要对孩子进行批评教育，但同时也不能忘记先关心一下孩子，而且在批评教育时最好委婉和温和一些。

教育家马卡连柯曾说："批评不仅是一种手段，更应是一种艺术，一种智慧。"这也就是说，批评并不是教育的目的，而是为了帮助孩子尽可能地改正缺点和错误，让孩子往好的方面发展。如果每个父母都像上述例子中马力的妈妈一样，当孩子表现不好的时候，不顾及孩子的感受，随意讽刺孩子，甚至带着厌弃的表情指责孩子的错误，对孩子进行严厉批评或是大吼大叫，就很容易伤害孩子的自尊心，无益于帮助孩子提高和进步。

很多教育实践证明，在对孩子进行批评纠错时尽可能地委婉一些，更有利于帮助孩子改正错误，达到良好的教育效果。因为批评孩子实际上是指出孩子的错误，是对孩子的否定，而否定又有轻重之别，只有运用适当的方法指出，孩子才更容易接受。

孩子的身心尚未成熟，犯错在所难免，有时候孩子可能根本就意识不到自己犯了错误，有时候即使意识到了也可能不知道如何改正。这时就需要父母来帮助纠正，在这个过程中，父母千万不能用简单粗暴的方法对孩子横加指责，最好能用一些温和的话来对孩子进行巧妙的批评，先委婉地点评孩子的表现，然后再进行引导和帮助。这样才既能发挥批评教育的作用，又能照顾到孩子的心理和情绪。

因此，平时父母在批评指正孩子的时候应该尽量委婉，要学着让批评拐道弯，既要指出孩子的错误，对其讲道理，也要让孩子自觉地认识到自己的错误，明白自己错在哪里，应该如何改正。

说话演练场

莉莉是五年级的学生，平时聪明伶俐，在各方面都表现得很好，很让父母省心。新学期刚开始，莉莉就因为学习成绩优异、待人热情而被班里的同学一致推选为学习委员。她高兴极了，回家之后就迫不及待地大声将这个好消息告诉妈妈。妈妈也很高兴，但同时也提醒她说，爸爸刚出差回来，正在休息，让她说话小声点。

莉莉回到自己房间，为了表达自己内心的愉悦，于是打开了 DVD（数字视频光盘），播放起喜欢的音乐来。

"宝贝，小声点，爸爸在睡觉呢！"妈妈走进莉莉房间说。

"可是我很高兴啊！"莉莉回答。

面对这种场景，你可能会这么对孩子说：

"你这么大了，应该懂事些了，已经跟你说过了，爸爸需要休息，你就别吵了！"

会"说话"的父母这样说：

"妈妈也很为你高兴，但表达高兴的方式有很多种啊。爸爸出差刚回来，肯定很累，咱们就让他先好好休息一下。等他醒了，再告诉他这个好消息，让他陪你一起高兴！"

“很高兴你能帮忙，但是……”
——对孩子的责备要裹着“糖衣”

小勇从小家境良好，平时娇生惯养，直到读小学五年级了还不能在生活上自理，就更别说帮父母分担家务了，可是在学校，他却是一个喜欢积极表现的人。后来，老师知道了他的情况之后，就主动找他谈话，希望他在家里也能好好表现。

谈话后回到家，小勇见家里的地板脏了，而妈妈因为忙着做饭还没来得及打扫，于是他先拿扫帚把垃圾清扫干净，之后又拿起拖把准备拖地。

妈妈出来后看了看地板，连忙夺过小勇手中的拖把，说：“一看就是不会干活的，你看你扫的是什么地啊？把垃圾弄得到处是。而且马上就要吃饭了，你拖什么地板，这样只会越来越脏。”

“我只是想帮帮你！”小勇略带委屈地说。

“不用你帮，你毛手毛脚的，只会越帮越忙，待会还得我再收拾一遍。你还不如不干呢！”

“哼，不干就不干，谁稀罕！”小勇放下拖把，走进了自己的房间。

有话要说

在一些父母的眼中，孩子都是不成熟的，只有严格管教，孩子才能变好、变优秀。基于这样的心理，这些父母总是习惯于寻找孩子的不足，在孩子犯错时进行严厉的批评和指责，丝毫不顾及孩子的情面，即使有时候孩子犯错是另有原因的，他们也不容分说就对孩子大声责备。上述例子中的小勇妈妈就是如此，在小勇好心却帮倒忙之后，她就立即对小勇横加指责，一点都没有考虑到小勇当时的感受。这样就打击了孩子的积极性和主动性，甚至还伤害到了孩子的自尊心。

在家庭教育中，粗暴且不分青红皂白地责备孩子并不能解决任何问题，只能拉大父母与孩子之间的距离。想要改善亲子之间的关系，父母还应该学习一些正确教育孩子的方法，尤其是在批评教育上更是如此。

首先，在对孩子进行批评教育之前，父母应该先明白，事情总是有两面的。孩子虽然心智还不是非常成熟，但其做事情还是有理由的。孩子犯错误在很多时候都是在所难免，也是情有可原的，有时虽然结果是错的，但其中多少也都有些可取之处。父母不能只看到不足，也应该多从孩子的角度来想想，在指出其缺点的时候也要看到可取之处。

其次，父母在批评孩子的时候，态度要温和友善一些，可以试着给批评语言裹上“糖衣”，对处于青春期的孩子更应如此。青春期的孩子一般都很有个性、有主见，也比较叛逆。针对孩子的这些特征，父母不能盲目地用武力去解决，而应该注重策略和方法。因为如果只用武力去解决，也许当下是有作用的，可是随着年龄的增长，孩子只会产生更强的逆反心理，甚至以暴制暴，从而产生不良的效果。相比于粗暴的批评方式，给逆耳的忠言和苦口的良药裹上“糖衣”，或许更能受到好的教育效果。在责备孩子时裹上“糖衣”也就是说，在批评孩子的时候可以先肯定孩子表现得好、做得好的方面，让孩子先尝到甜头，然后再委婉地指出孩子需要改进和提高的方面，这样孩子才更容易接受父母的批评和教育。

当然，在批评孩子时裹上“糖衣”并不是说父母可以口蜜腹剑或者说话不算数，最基本的前提还是真诚和爱心。做好了这些，才能真正教育好孩子。

说话演练场

眼看着就要过年了，彤彤的妈妈提前几天就忙活开了：打扫卫生、添置新的生活用品、购买年货……彤彤看到妈妈这么忙，想想自己已经读初中了，应该帮助妈妈做一些力所能及的家务活了，于是她就主动要求妈妈把洗被子、洗衣服之类的活儿交给她，妈妈很高兴地答应了。谁知，彤彤在洗衣服的时候，不小心把家里的洗衣机弄坏了。

在彤彤把这件事情告诉妈妈的时候，妈妈的脸色一变，说：“上次我用的时候还好好的，怎么你一洗就坏了？”

“我也不知道为什么，可能是我一次把衣服放多了吧！”彤彤说。

面对这种场景，你可能会这么对孩子说：

“家务不会干还总是抢着干，净给我添乱，你还不如不做呢！”

会“说话”的父母这样说：

“你能帮助妈妈干活，说明你是一个勤快能干的孩子，我很高兴。但是你却不小心把洗衣机弄坏了，妈妈就有些生气了。如果你不知道怎么使用洗衣机，应该早点问我的，而且，你以前不是也洗过衣服吗，怎么会犯这样的错误呢？以后要记住这个教训。”

“以后你可以这样做”
——建议比批评更有效

环环刚上初中，平时聪明乖巧，与父母的关系还算比较融洽。可是最近一段时间，她发现自己变得有些讨厌妈妈了，因为妈妈总是动不动就批评自己，即使是当着同学和朋友的面，也不会考虑自己的感受，而且有时候说话还特别难听。为此，她已经跟妈妈吵了几次架了，母女关系有些紧张。

一个周末，妈妈以命令的口气要求环环帮自己把一些特产送到同一城市的姑姑家去，可环环因为要和同学一起去逛街而拒绝了妈妈的要求。

“你怎么这么不懂事，妈妈今天是因为忙着加班才让你帮忙，你就这种态度？”妈妈当着同学的面批评环环。

“我就是不去！我们早就约好了，而且昨天也跟你说了，东西你可以明天再送嘛！”环环说。

“可妈妈明天还有其他事情啊，这么大的孩子了，一点都不懂得体谅父母。”妈妈继续责备环环。

“我也想体谅你啊，可你每次跟我说话都是这样的语气，还动不动就训人，爸爸就不会这样！”说完，环环拉着同学走出了家门。

有话要说

批评是家长在教育孩子时常用的手段，然而，在很多时候，批评教育的效果却很难尽如人意。一些孩子对于家长的批评，有时是充耳不闻；有时是光听不改；有时是无所适从，自信心和进取心丧失；有时甚至变本加厉，你越批评，他越逆反……

父母批评和教育孩子，多是想用“苦口良药”和“逆耳忠言”帮助孩子成长，在批评的背后，深藏着父母对于孩子的期待和关心。然而，这样真挚的期待和关爱，却常常因为批评的语气欠妥而收获不好的结果，这应该不是父母所期望的。

批评方式在家庭教育中是需要采用的，但却未必是教育孩子的最好方式。因为批评教育的方式有一个很大的弊端，那就是常用一种负面的概括性的判断来否定被批评的那个人的行为，乃至于人格。而被批评者对于这种方式的反应，最常见的有两种：一种是同意，认为自己就是有这样那样的缺点；一种是反对，这样就会表现出不满，产生对抗情绪。当面对父母的批评时，孩子如果接受了批评，建立起这样的自我形象，其自信、自尊、自爱就会被消磨；而当孩子并不愿意接受父母的批评时，就会反抗和拒绝，认为父母不理解、不尊重自己，从而在自己和父母之间垒砌起一道心墙，疏远父母。

父母想要帮助孩子培养良好的品格、教养、习惯，帮助孩子茁壮成长，不仅应该在批评教育时讲究方法，而且最好能将自己对孩子的批评转换成具体的建议。具体来说，父母可以参照以下的一些建议：

首先，在教育孩子之前，父母最好能仔细回想一下孩子的行为，并用描述性的语言记录下来，如孩子当时做出了怎样的举动？错误和表现糟糕的地方在哪里？其中有哪些可取之处和需要改进的地方？要保持客观的态度，千万不要有任何非黑即白的判断。

其次，父母在开口教育孩子时最好想想孩子表现好的方面及其行为中的可取之处，并仔细思考最佳的教育方式，最好能用商量和建议代替领命和苛责。同时，父母还可以多用正面、积极的语言来描述孩子的行为，并且在认同孩子的基础上给孩子提出自己的建议。在提建议时，采取讲个人经历，或者提出疑问，激发孩子自我思考等方式都是可以用的。

父母用恰当的方法教育孩子，是孩子健康成长的重要保障，父母在家庭教育时一定要注意这一点。

说话演练场

林芳平时学习很努力，也积极上进，在班上颇有人缘，在新学期开学的时候还被同学们推选为班长，她非常高兴，学习和办事也更有热情了。可最近的一段时间，她却总是没精打采的。

爸爸看到女儿的这种状态，就关切地问："最近怎么了？好像没以前精神了。"

"嗯，最近出了点状况。前不久因为一些小误会，我和班上的学习委员闹矛盾了，心情受到了很大的影响，因此心不在焉，上课没有认真听讲，以致耽误了学习。上次的考试我也没有考好，老师为此特意找我谈话了。"说完这些，林芳准备接受爸爸的批评。

面对这种场景，你可能会这么对孩子说：

"学习上不努力，尽在这种小事情上较真，你也太小气了吧！"

会"说话"的父母这样说：

"你能认识到自己的问题和错误很好，但现在最重要的还是要想办法补救啊。既然你已经意识到和同学发生冲突是误会了，就应该及时向同学表达歉意，然后再端正自己的学习态度。爸爸相信你一定能做好的！"

“下次不要这样了”
——点到为止，给孩子留足面子

小永是六年级的学生，他很顽皮，平时总喜欢和同学一起踢球，有时没和父母说，玩到很晚才回家，他的爸爸妈妈因此经常要四处去找他。

有一次，小永和几个同学因为找不到场地，就在离家不远处的胡同里踢球。谁知小永在踢球时不小心把一户人家的玻璃打碎了，那人马上就到小永家里来告状了。妈妈知道这件事情之后很生气，当着同学的面教训起小永来。

“真是不让人省心啊，爸爸妈妈每天那么辛苦地工作供你读书，可你整天就知道玩，一点也不上进。”

“谁说的！我在学校学得很认真的，要不成绩怎么还那么好！”

“居然还顶嘴，你成绩好是因为遗传了我们，要不是父母聪明，你哪能有那么好的成绩。”

见小永没有作声，妈妈继续数落道：“你想想，你每年要闯多少祸，每次都要我们来给你收拾残局，都这么大的人了，好意思吗？我要是你，早就没脸做人了。”

小永看到妈妈在同学面前不停地批评自己，说了一句：“你有完没完啊！”就气愤地独自跑开了。

有话要说

父母对孩子没完没了的批评，尤其是当着众人的面批评指责孩子，很容易伤害到孩子，也容易激起孩子的对抗情绪。上述例子中的小永妈妈就是因为没有顾及孩子的面子和感受，在同学的面前不停地批评孩子，导致小永气愤地离开。

在家庭教育中，一些父母在批评和教育孩子的时候说个没完没了，而且还时不时质问孩子：“我的话你听见了没有？”孩子慑于家长的权威，不得不应承着，可实际上，不少孩子根本就没有听清楚父母究竟说的是什么。还有一些父母在孩子表现不好或者犯错误的时候翻旧账，把许多年前的事情拿出来数落孩子一番，而且越说越带劲，一点都不考虑孩子的感受。其实这两种批评教育的方式都是错误的，也难以起到任何教育效果。父母在批评孩子的时候说的太多、太啰唆，会令孩子分不清主次，不知道听哪一句为好，长此以往，还会导致孩子在家长的教育面前装作“失聪”，对任何话都无动于衷。而家长总是抓住孩子的错误唠叨个不停也很不好，只会令孩子反感，从而使批评教育失去作用。

英国最近一项研究表明，家长既要对孩子严格要求，又要温柔关怀，这是培养高素质孩子的关键。同时，研究还表明，教育也是需要讲究方法和策略的。那些总能温和地跟孩子交流，在批评孩子的时候点到为止、不唠叨的父母，更能教育好孩子。因此，在批评孩子的时候，父母不妨多讲讲方法，点到为止，给孩子留下思考空间和回旋的余地，这样孩子才更容易接受父母的意见。

具体来说，在批评孩子之前，父母应该先分清孩子是有意还是无意做错了事情。如果孩子并不知道自己犯了错误，父母就应该善意地指出来并帮助孩子改正，如果孩子已经意识到自己的错误了，父母则要理解和体谅孩子，不管怎样都不能对孩子批评个没完。而在明确了孩子犯错的原因之后，父母还需要拿出爱心和耐心，多多关怀和帮助，最忌讳的就是针对孩子的缺点和错误翻来覆去地批评和数落。要知道，批评孩子的目的是帮助孩子成长，只要孩子能在教育的过程中意识到自己的错误，有决心改正错误并且能积极实践，父母就应该感到高兴。

说话演练场

美嘉家里最近刚领养了一只小狗，父母和美嘉都非常喜欢它，尤其是美嘉，每天放学都会逗小狗玩耍，给它喂食，有时还会帮小狗洗澡、带小狗出去散步。

有一次，美嘉在给小狗喂食的时候，因为粗心和急躁，不小心把狗食撒在了妈妈刚刚清洁过的地板上，妈妈看到了，有些不高兴。

“你这孩子，我刚打扫干净，又被你弄脏了，做事总是这么毛躁，你就不能小心一点吗？”妈妈埋怨道。

“我又不是故意的，还不是因为喂小狗才会这样的。”美嘉有些委屈地说。

面对这种场景，你可能会这么对孩子说：

“每次批评你总会找借口，就不能反思一下自己啊！都这么大的人了，做事情应该有分寸了，别总让父母为你操心。”

会“说话”的父母这样说：

“没事，我知道你不是故意的，但以后做事情还是要小心仔细些哦。”

“你真是笨极了”
——批评，不能伤害孩子的自尊

上小学五年级的西西经常说谎。她特别喜欢看电视，以至于经常沉浸其中忘了写作业。当妈妈问她作业写好了没有时，她总是回答：“我已经做完作业了！”可当妈妈晚上检查作业时，经常会发现她根本就没有写完。面对妈妈的责备，西西还总是振振有词：“我忘了，我马上去做！”

有一次，西西又出现了这种情况，妈妈很生气，就对西西发火说：“你这孩子总是说谎，好多次你说谎，妈妈都没有揭穿你，可是你想说谎到什么时候呢？”西西红着脸，一句话也说不说来，觉得自己就是妈妈所说的坏孩子。

此时妈妈并没有看到西西的表情，继续指责道：“你就是又坏又笨的孩子，说了很多遍都教不会你，我怎么会生出你这么个孩子来呢？真是丢人！

西西已经知道自己错了，可听了妈妈的这些话，她觉得自己的自尊心受到了极大的伤害，所以忍不住哇哇大哭起来。

有话要说

每个人天生都是有自尊心和羞耻感的，即便是婴儿，从6个月大的时候，就能识别“好脸”“坏脸”，给他好脸色，他会笑；对他横眉竖眼，他会哭。随着年龄的增长，孩子的自尊心和羞耻感会逐渐增强，一旦有人损害了孩子的自尊心，他们就会表现出不满。父母在批评教育孩子的时候，有一条最基本的准则，那就是千万不能伤害孩子的自尊。上述例子中西西妈妈的行为是非常不可取的，虽然西西说谎是不对，但妈妈在批评孩子的时候一点都没有考虑到孩子的自尊，说出了一些很伤孩子心的话，这更不应该。

在生活中，孩子经常会犯这样那样的错误，虽然孩子有时没有做好某些事情，但父母一定要意识到：孩子也有自尊，健康的人格对孩子才是最重要的。要想让孩子真正长大成人，就应该让孩子从小就“站着”，而不是“趴着”去仰视别人，这就是说要尊重和维护孩子的自尊心。一个人的心灵世界是要靠自尊来支撑的，只有自尊和自信才能支撑起健全的人格。尊严可以带给人自信，也可以改变一个人的命运。

人人生来就有自尊。所谓“厚脸皮”的人，都是因为后天得不到别人的尊重，久而久之，羞耻感逐渐降低而形成的。父母如果无视孩子的自尊，动辄就当众辱骂、训斥，伤害孩子的“面子”，日久天长，孩子的自尊感因为经常得不到尊重而降低，就会“破罐子破摔”，不但不会改正缺点，反而脸皮越来越厚，经常犯错，甚至屡教不改。孩子的自信和积极向上的心态也会消失殆尽。在孩子心里，会形成“啊，我是坏孩子”“为什么我总是做不好事情呢”“我简直是太笨了”这种持续的自我否定，最终使得他们对自己丧失信心，索性破罐破摔。

正因如此，在教育孩子的时候，父母一定要小心“厚脸皮效应”，记住只有给足孩子面子，他才会自信。对孩子要以鼓励和夸奖为主，以批评为辅，同时要注意批评的分寸和方法。所有真正关心孩子成长的父母都应该在批评指责孩子之前，先考虑孩子的“面子”和感受，尽量多和孩子一起商讨解决方案，这样肯定比简单粗暴的批评更有效果。

说话演练场

友友平时其他方面的表现还算可以，就是有些莽撞，对待长辈也不怎么懂礼貌，爸爸因此批评他了很多次，每次他都说会改正，可是说过之后马上又忘记了。

一个周末，友友刚刚和同学打完球回家，他一手拿着篮球，一手拿着雪糕，到了家门口，他发现大门紧闭，于是就用脚不停地踢门，并大声地喊道：“爸爸，快开门，快点，怎么这么磨蹭啊，你究竟在干吗？”

爸爸马上打开了门。友友嫌爸爸开门慢了，又埋怨道：“真是磨蹭，难怪妈妈经常说你！”

爸爸不高兴了，并且小声跟他说：“你有点礼貌，何况家里还有客人呢！”在友友进到屋里之后，爸爸又跟友友说：“这几位是爸爸的同事，来，快叫叔叔！”

谁知友友理都不理，直接走进了自己的房间。

面对这种场景，你可能会这么对孩子说：

“真是不像话，说了很多遍还是不听，我养你有什么用，真不配做我的儿子。”

会“说话”的父母这样说：

“孩子，上次你跟爸爸说你想改正缺点，成为一个受大家欢迎的人，爸爸真是高兴。可说了还要做到，待人要有礼貌，这是一个人最基本的品德啊。”

“你就是不知道上进”
——不给孩子乱贴负面标签

在海平妈妈的眼里，自己的孩子缺少上进心，好逸恶劳，即使是在非常关键的时刻，孩子也似乎总是提不起精神，生活非常懒散。眼看着小学升初中的考试已经近在眼前了，可海平仍旧像以前那样贪玩，于是妈妈忍不住又批评他了。

“你就是个让人操心的问题孩子，人不聪明，性子又慢，总是比别人慢半拍。”妈妈大声地说。

“妈妈，我怎么了，你怎么能这样说我？”海平听后，有些不服气。

“还怎么了？你不知道快要考试了啊，还整天这样慢慢悠悠的，就是不知道上进，说你几句还能好好表现几天，可过了之后，又稀里糊涂的，你究竟是怎么回事啊？”妈妈继续指责着。

“我就是问题孩子，我就是不思进取！哼，你凭什么这么说我，你又好到哪里去了？”海平气不过，跟妈妈顶起嘴来。当听到妈妈仍在那里给自己贴着各种负面标签，不断地批评自己时，海平干脆跑出了家门。

有话要说

一些家长在批评孩子的时候，常常会出于气愤、激动等原因说出一些过重的话来，有时甚至会不自觉地用一些很负面的词语来概括孩子的表现，如“你就是个无赖”“你就是不思进取”“你就是没有担当、喜欢撒谎”等，殊不知，这样的负面标签对于孩子的成长是非常有害的。

心理学中有一种“标签效应”，即当一个人被贴上了标签后，他就会做出自我印象管理，使自己的行为越来越趋近于所贴的标签。心理学家认为，“标签效应”的出现是因为“标签”具有定性导向的作用，会在无形中影响一个人的“自我认同”，从而使这个人向着“标签”的方向发展下去。根据这一原理，父母给孩子贴上正面的标签，孩子往往会向好的方面发展；如果总是给孩子贴上负面的标签，孩子则可能因此被导向错误的方向，表现也会越来越糟糕。

也许有些家长会认为，给孩子贴上负面标签，或者以较为严厉的语气来批评孩子，孩子才能记住教训。殊不知，父母这样做，实际上并不能让孩子真正接受教训，反而会给孩子的内心造成不好的暗示，会使孩子的负面心理和行为得到强化，最终不利于他们的成长。

在教育孩子的过程中，父母应该牢记“标签效应”是有利有弊的，只有善于利用这一效应，才能取得事半功倍的教育效果。具体来说，父母在实践中应该注意如下的几点：

首先，父母在教育孩子的时候千万不要轻易否定孩子，切忌动不动就把孩子归类为“坏孩子”，更不能动不动就骂孩子“愚笨”“无耻”“蠢得无药可救了”等，而应该试着表扬和肯定孩子的良好表现，尽量多给孩子贴一些正面的标签。

其次，父母在教育孩子的时候一定要实事求是，对于孩子的表现和成绩不能夸大或过分表扬，同时也不能无限地放大孩子的缺点。经常盲目地称赞孩子只会让其骄傲自满、盲目自大，而过于夸大孩子的缺点则可能打击到孩子的自信心，影响孩子的积极性。这两种教育方式都可能将孩子导向错误的方向，从而影响孩子的成长和成才。

父母在批评孩子的时候应该适度且讲究方法，切忌随便给孩子贴负面标签，这是父母应该掌握的重要教育原则。

说话演练场

岚岚正读书小学六年级，她最近与妈妈的关系闹得有点僵，两人时不时地会斗嘴、闹矛盾。妈妈认为是女儿不懂事，不体谅父母的苦心，而岚岚则认为是妈妈啰唆，在管教自己的时候不讲道理，总是随意指责和批评人。

有一次，母女俩又为一件小事吵了起来。

“我真是可怜啊，怎么生了你这个冤家，只想着自己，一点都不考虑父母的辛劳和一番苦心！”妈妈埋怨说。

“明明是你不讲道理，总是啰唆，还乱教训人。”岚岚辩解说。

面对这种场景，你可能会这么对孩子说：

“我什么时候批评错你了，你就是不懂事、没有责任感，只知道享乐而不体谅父母，说你是问题儿童一点都不过分！”

会“说话”的父母这样说：

“你有什么意见，可以具体跟妈妈说说吗？也许妈妈也有错误，有时候在批评你的时候说话的语气有些重了，我在这里先自我批评一下。”

第六章

具体情境中，巧言暖语安人心

当孩子做事拖拉时
——注意方法巧纠正

正读小学四年级的男孩李江，成绩一直很不错。但是老师和同学都不怎么喜欢他，原因就是他做事总是拖拖拉拉。他经常不能按时完成作业，老师为此没少批评他；他做事情总是比别人慢半拍，同学们都不愿意和他合作。

一天，他回家后很不开心，爸爸见了，忍不住问：“儿子，你今天是怎么了？”

李江慢吞吞地说：“我今天很不开心，同学们都笑话我办事情像一个老太婆。”看着爸爸疑惑的眼神，李江继续说：“今天，我们班举办竞技活动，每个同学都要参加，我和几个同学分在了一组，因为我动作慢，做事拖拉，我们组输得很惨，组里的其他成员都埋怨我，觉得跟我合作既倒霉又没有意思，以后再不跟我合作了，班里的其他同学也笑话我。”

其实，爸爸也很讨厌儿子做事磨磨蹭蹭的样子，多次想要教育孩子改正，这次他抓住机会说：“同学们都指出了你做事拖拉的毛病，你现在自己意识到了吗？其实，办事磨蹭是很不好的习惯，这样不仅浪费时间，影响办事效率，有时甚至会造成难以弥补的遗憾，你一定要吸取教训，好好改正才对啊！”紧接着，爸爸又给李江讲了一些做事拖拉的弊端，并给予孩子改正的信心。李江听后，颇有感触，痛下决心今后一定改正。

有话要说

现实生活中，像李江这样的孩子很多。做事拖拉、磨磨蹭蹭是孩子常见的一种问题。一些孩子认为，做事拖拉、慢吞吞只会影响办事和学习效率，并不是什么大毛病，这其实是非常错误的，做事拖拉表面上看并不会造成非常严重的后果，但时间久了，或是到了孩子慢慢长大，需要融入集体、进入社会之后，拖拉的恶习就会暴露出弊端，甚至导致很严重的后果。

通常来说，青少年做事拖拉一般主要表现为：日常生活中办事不讲究效率，学习不专心，本来可以用较少时间完成的事情却花费了大量时间；因怕困难而把艰巨的任务、麻烦的事情拖到最后办理，或寻找借口一拖再拖；无论做什么事情总是没有规划，不到最后时刻不去认真做；说起来一套一套的，想法很多，但从来不去付诸实施……

青少年时期是成长的关键时期，如果孩子在这一时期养成了做事拖拉的习惯，没有及时得到改正，就有可能形成懒惰的性格，在碌碌无为中度过平庸的一生。父母想要教育好孩子，一定要注意帮孩子改掉这一陋习。

首先，父母应该在言行上引导和约束孩子，培养孩子珍惜时间、追求效率的意识。日常生活中，父母的言行对于孩子有着榜样和示范作用，孩子们通常会观察和模仿父母的言行，在耳濡目染中深受影响。所以，想要孩子远离办事拖拉的毛病，父母应该首先做到珍惜时间，做事讲究效率。在平时，父母可以多给孩子灌输珍惜时间、讲究效率的观念，让孩子懂得“一寸光阴一寸金，寸金难买寸光阴”的道理，帮助孩子形成良好的习惯。

其次，当父母发现自家的孩子有拖拉的习惯时，应该分析原因，想办法帮助纠正。孩子做事慢或者磨蹭，可能与孩子的性格有关，也可能和孩子的生活习惯有关，还可能与孩子缺乏明确的目标有关。父母应具体问题具体分析，对症下药，力争药到病除。在帮助孩子纠正这一毛病时，最重要的就是将放权与约束相结合，在孩子小的时候，父母可以在孩子做事前给孩子规定一个时间，让其限时完成。此外，父母还可以为孩子准备一个记事本，将要做的事情按重要顺序分类，养成孩子做事有条不紊的习惯。

时间是生命的体现。珍惜时间的人，会生活得有滋有味，而无端让时间溜走的人，也就相当于浪费生命，最终只能后悔不已。所以，在孩子成长的过程中，父母应该给孩子灌输这样的意识，尤其是当孩子已经出现了做事拖拉的迹象时，父母一定要注意方法，巧妙地帮助孩子纠正，帮助孩子尽早养成珍惜时间的习惯。

说话演练场

天庆是个慢性子，平时做事情的时候特别慢。虽然天庆的学习成绩还可以，可他做事拖拉却是在家里和学校都出了名的，让他办一件常人只用半小时就能完成的事情，他往往要用一两个小时。

在周五的晚上，爸爸已经说好第二天要带天庆去拜访一位朋友，可到了第二天早晨约好的起床时间，天庆还一直赖在床上，爸爸叫了很久他才慢吞吞地起来，慢慢地穿衣洗漱。

“现在都几点了，你就不能快点吗？”爸爸催促着说。

“可我今天已经很快了啊，你又不是不知道我做事慢！”天庆有些不满。

面对这种场景，你可能会这么对孩子说：

“总找这样的借口，我算是服了你了，你再这么慢，小心我打你！”

会“说话”的父母这样说：

“做事磨蹭可不是好习惯，你一定要改掉啊！时间是很宝贵的，我们只有讲究办事效率，才能利用好有限的时间，这样才不至于浪费生命！”

当孩子撒谎时
——及时教育并晓之以理

张形已经上小学五年级了，平时向来乖巧，可是在一次语文测验之后，她为了不被妈妈骂，将试卷上的“72分”改为了“92分”，后来妈妈知道了这件事。

“形形，你这次语文考试得了多少分？”

“9……92。”形形吞吞吐吐地说。

“其实，妈妈觉得一次考试成绩并不能说明什么，而且，考试是检验自己学习成果的手段，考得不好说明你还没有完全掌握知识，只要以后再努力一定就会进步。成绩不好并不代表将来没有前途，别人也不会因此而笑话你，可要是为了面子而忘记了诚实，可就不好了。”妈妈说。

形形的脸一下子红了，她明白妈妈已经知道了自己的不诚实行为，所以很不好意思地说：“妈妈，我错了，我心里很难过，也害怕你们批评，所以才……”

听了女儿的话，彤彤妈并没有责骂孩子，而是及时给予孩子正面的教育，之后还给孩子讲了很多做人应该诚实的道理，让孩子深刻明白了自己的错误，并决心立即改正。

有话要说

孩子对于诚实的理解以及道德的认识尚且不全面、不深刻，也不完善，所以有时难免出现说谎现象。这是孩子在成长阶段心理和智力发育中通常会出现的一种现象，但却是很不好的行为，父母一定要及时干预，并帮助孩子改正。

通常情况下，孩子说谎的主要原因有两个：一个是受到了周围环境的不良影响，一个是迫于压力。首先，孩子说谎与环境因素有关。如果家长在和孩子相处中，为了哄孩子听话，经常使用一些欺骗性的语言，或者是家长经常当着孩子的面对别人说假话或是说一些违心的话，孩子耳濡目染，也会深受其害；还有就是孩子结交了一些不诚实的朋友，受到周围环境的不良影响而学会了说谎。其次，孩子不诚实可能根源于压力的因素。如果父母总是对孩子过于严厉，经常批评指责，甚至打骂孩子，或者是家长太强势，不尊重孩子的想法，孩子为了逃避处罚、达到愿望或取得平衡，也很有可能说谎。

针对孩子撒谎的问题，父母需要注意：

第一，孩子的撒谎行为是需要进行批评教育，但在此之前，父母不妨冷静地坐下来仔细想想孩子这样做的原因，千万不要立即去教训孩子。只有先找到原因，才能对症下药，从根本上解决问题。

第二，对于孩子的撒谎行为，预防比惩罚更有效。因为惩罚也许会加剧孩子的压力，让他以后不得不用更多的谎言来防御可能遭受的惩罚。而把谎言扼杀在摇篮中，则是从根源上防止了谎言的产生。一方面，父母不应该扮演检察官的角色，不应该要求孩子坦白，不应该夸大事实；另一方面，父母要以身作则，平时多说真话，对孩子进行良好的引导和教育。

另外，如果父母希望培养孩子诚实的品德，还应该做好心理准备，既要听让人愉快的真话，也要听让人不高兴的真话。如果父母总是喜欢听让人高兴的话，孩子就会为了讨好大人，而说让大人高兴的谎话，而如果父母能正确地对待孩子的言行，孩子则更容易培养诚实的品格。

孩子能否养成良好的习惯，不仅与孩子的自身因素有关，与父母的教育方式也是相关的。因此，当孩子撒谎时，父母千万不能盲目指责孩子，也应该反思自己的教育方式，及时教育，给孩子讲道理，帮助孩子改正。

说话演练场

小令本来是个很听话的孩子，平时很努力上进。可是自从进入小学六年级之后，他似乎进入了叛逆期，不仅听不进父母的教育，在学习上不思进取，而且还经常跟一些调皮捣蛋，缺点很多的孩子混在一起。他的父母因此而忧心忡忡。更为严重的是，妈妈发现他最近喜欢翻家里的财物，而且还学会了撒谎。

有一次，妈妈下班回家后将自己的皮包放在沙发上就去厨房了，当妈妈再次走进客厅时，居然发现小令在翻自己的包。一会儿之后，小令好像听到了妈妈的脚步声，赶紧坐好。

“小令，你刚才在做什么呢？”

“没、没做什么啊！”小令支支吾吾地说。

“可我刚才看到你拿我的包了。”

“没有，我今天发现你的包很好看，所以忍不住仔细看了看。”

面对这种场景，你可能会这么对孩子说：

“睁着眼说瞎话，你明明是想做坏事，看我怎么教训你！”

会“说话”的父母这样说：

“孩子，随便翻别人的包是不好的行为，撒谎就更不对了。如果你从小就这样，以后很有可能走上歧途，这些毛病都要改。妈妈相信你是个好孩子，不会再这样做了！”

当孩子与别人攀比时
——疏导孩子的虚荣心

芬芬的生日马上就要到了，父母虽然没有说什么，但暗地里已经给她买好了生日礼物，而且都在思考着该怎么给孩子过生日。

一天晚上，妈妈和女儿一起看电视，就不经意地询问说：“芬芬，过几天就是你的生日了，你想怎么过呢？”

“嗯，还没想好呢。”

“那天正好是周末，要不咱们全家还像去年一样，去郊游吧，或者去游乐场玩？”

“妈，”芬芬有些不耐烦了，说，“真没有创意，每年都是这样。”

“那你想怎样过呢，说说看？”

“妈妈，昨天是我们班上同学李娜的生日，她是在比萨店过的，而且她还请了好多同学一起去呢。同学们都说她阔绰，我也想和她一样去比萨店过生日。比萨店的消费是有些高，可是感觉很有面子。

而且，如果生日总是不请同学的话，大家会觉得我小气，也会疏远我的。”

“你先写作业，等你爸爸回来，咱们商量一下再说。”妈妈不好再说什么，但她明显感受到了女儿的虚荣心和攀比心，想到女儿小小年纪就这样，她不免有些无奈。

有话要说

人人都会有虚荣心，孩子也不例外，而且由于孩子的认知有限，更容易被虚荣心驱使，做出一些不好的事情。喜欢与人攀比就是其虚荣心的一大表现。

从心理学的角度来说，适当的虚荣心能更好地激发个人的进取欲，帮助个人进步，但如果虚荣心用在了不适当的地方，或是虚荣心过强，就可能影响个人的健康成长。因为虚荣心强的人不是通过实实在在的努力来获得成功、赢得别人的关注，他们在认知上是有所歪曲的。上述例子中的芬芬就是这样，她盲目与同学攀比，认为在上高档次的地方消费就有面子，实际上就是虚荣心在作祟。

现在的独生子女越来越多，父母总怕孩子受委屈，于是对孩子总是有求必应，在给孩子提供物质条件时总是不自觉地与别人攀比，别人的孩子买什么自己的孩子也得买，绝不能让人家比下去。在父母的这种影响和纵容下，孩子的欲望无限地膨胀，虚荣心也逐渐滋长。另外，现在的父母一般都对孩子有着较高的期待，希望孩子能优胜于人，而且还总是为了自己的面子，在别人面前夸奖孩子的优点，掩饰孩子的缺点，在这种环境中成长起来的孩子，虚荣心自然也十分强烈。

孩子一旦有了虚荣心之后，就喜欢和别的孩子进行攀比：看见别人穿了件新衣服，就要家长给自己买件更漂亮的；看到别人有什么好东西，自己也总想得到更好的……这样的孩子，总喜欢在物质上与人一较高低，却没想过在精神上取胜，缺乏进取的斗志，心态也很容易失衡。

针对孩子在物质上总喜欢与人攀比的心理，父母应及时疏导，并帮助孩子树立正确的意识和观念。具体来说，父母可以需要多注意这些：

首先，坚持正确的家庭教育方式，发挥父母的榜样作用。虚荣心过强的孩子多半是家中的“小太阳”，全家人都围着他转，这样就自然而然地助长了他的以自我为中心和自夸欲，想要改变孩子，父母应先做出改变，其中最主要的就是坚持正确的教育原则，为孩子做好示范，对孩子提出的在合理范围内的要求可以答应，对于无理的要求应断然拒绝。另外，父母还应该努力营造朴实谦逊的家风，为孩子的成长提供良好的环境。

其次，父母应该客观地评价孩子，一旦发现孩子有虚荣心过强的现象，要及时疏导和教育。适当地表扬和鼓励能增强孩子的自信，激发孩子的办事热情。但如果父母总是鼓励而没有批评教育，孩子就会虚荣心膨胀，父母在教育孩子时应该尽量避免这种情况的产生，客观地评价孩子，不仅要表扬优点，同时对孩子的缺点也要及时指正。当发现孩子喜欢盲目与人攀比时，应该及时进行教育，说明虚荣心的危害，帮助其纠正。

让孩子远离虚荣，孩子的身心才能健康发展，父母在教育孩子的时候一定不要忽视这点。

说话演练场

单丽人长得很漂亮，家境也很好，父母非常宠爱她，对于她在物质方面的需求，向来是有求必应的。加上单丽就读的就是当地一所有名的贵族学校，班上的同学都比较有钱，同学之间的攀比之风很盛，单丽也因此深受影响。她总是喜欢买各种各样的名牌服装，追求奢侈的生活，她常常为了与同学攀比，买一些昂贵而不实用的东西。

“爸爸，你能给我买台新的Ipad（平板电脑）吗？”一天晚上，单丽对爸爸说。

“你不是前段时间才买了一台吗？”

“是啊，可是现在又出升级版的了，同学手里拿的都是最新版的，看起来比我这个新潮好看多了，和他们一比，我觉得自己太落伍了。”

面对这种场景，你可能会这么对孩子说：

“好吧，明天就去给你买，可不能让别人瞧不起！”

会“说话”的父母这样说：

“孩子，与人攀比是一种很不好的行为，与其总想着享乐，只贪图好的物质生活，不如在学习等方面与人竞争，这样以后才有更美好的生活啊！”

当孩子嫉妒心强时
——帮助孩子远离“醋意”，排除嫉妒心

小学生春春是班上的语文科代表，语文成绩很好，基本每次都能考班级第一名，同学很羡慕她，她也常常因此非常得意。可有一次，班级举行语文竞赛，平时表现不怎么突出的娜娜却得了第一名，春春一下子就觉得受到了打击，看到别人羡慕娜娜的表情，她非常嫉妒。

放学后，当妈妈询问她这次竞赛的成绩时，她显得很不高兴：“别问了，有什么好说的？”

“孩子，以前语文考试之后你不是很高兴吗？”妈妈有些诧异。

“这次我只考了第二名。”春春有些不高兴了，接着说：“第一名是又胖又矮的娜娜，她平时语文也不怎么样，这次居然抢了我的风头，同学们一下子对她刮目相看了，我很不服气啊！”

妈妈听了，说：“孩子，娜娜这次表现比你好，你应该向她学习和请教，而不应该在背后这么说别

人啊！”

“向她学，我才不要呢！我以后会还以颜色的！”说完，春春匆匆走进了房间。

妈妈知道春春是嫉妒同学了，可又不知道怎么办好，于是叹了口气。

有话要说

嫉妒心是青春期孩子很容易产生的一种心理。相比而言，女孩比男孩更容易产生嫉妒心理，因为青春期的女孩子更容易专注于一件事，并且自尊心极其强烈。再加上现在的家庭大都是一个孩子，长辈们对于孩子特别宠爱，许多孩子都染上了“娇”“骄”二气，绝对不允许别人比自己做得好，也不愿听夸奖别人的话，嫉妒心表现得尤其强烈。

嫉妒是一种消极有害的心理，它不仅影响个人的心理健康，还会破坏人际关系，伤害人与人之间的友好感情，甚至会酿成一些不必要的悲剧。所以对于孩子嫉妒心强的问题，父母决不可等闲视之，而应该及时干预，帮助孩子走出心理误区。

一般来说，嫉妒心主要是由孩子内在的攀比因素和外部环境的竞争因素相互作用而产生的。如当孩子在竞争中受挫会导致其对成功者的嫉妒；当孩子感觉自身在生理、心理、生活环境等方面不如别人时，常常会对这些方面优越的人产生嫉妒心；当家庭教育方式不当，孩子心胸狭窄、缺乏自信时也很容易滋生嫉妒心理。

要帮助孩子摆脱嫉妒心理，首先要了解孩子嫉妒的起因，然后才能有的放矢地帮助孩子解决。在了解孩子产生嫉妒的起因时，父母要耐心倾听孩子的心理感受。当孩子显露出嫉妒心时，作为家长，千万不要横加批评指责，更不要冷嘲热讽，而应该以引导和教育为主。

其次，父母应该在平时多关心孩子，讲究教育方式。在平时，父母应重视将表扬与批评教育相结合，注意发掘孩子身上的闪光点，及时地进行表扬和鼓励。而在表扬时应掌握适度原则，不能过分夸大，同时也可以稍微指出孩子的一些不足，使孩子正确认识自己，避免其会产生“不允许别人超过自己”的心理。

最后，父母还可以多注意培养孩子豁达乐观的性格，帮助孩子树立自信。心理学家认为，缺乏自信和心胸狭窄的孩子往往更容易产生嫉妒心，所以帮助孩子克服嫉妒心，父母可以从培养孩子的自信心和阳光心态开始。父母要告诉孩子，每个人都有自己的优势和长处，但同时也都有各自的不足和短处，任何方面都比别人强是不可能也是没有必要的。同时，父母还应该引导孩子发挥自己的长处，扬长避短，在学习和生活中学会正视、欣赏别人的优势和长处，从而能够向别人学习、借鉴，以弥补自己的不足，用自己的成功来赢得别人的喝彩。

说话演练场

娟娟在其他方面表现都很好，就是喜欢嫉妒人，看不得别人比自己好。娟娟的妈妈看在眼里急在心上，毕竟这样的心态最不利于孩子的成长。

学校准备举行元旦晚会，娟娟所在的班级准备排演一个话剧。在选女主角时，娟娟认为自己长得清秀，而且是班级的文娱委员，这个角色非自己莫属，可老师和同学们经过再三商量，决定由乐乐出演女主角，娟娟因此嫉妒起乐乐来，平时不仅总在背后说乐乐的坏话，还故意刁难乐乐。老师把这一情况告诉了娟娟妈妈。

“娟娟，你们班的话剧排演得怎么样了，很精彩吧！”妈妈问。

“有什么好看的，女主角长得那么丑，要是换我就好了。我就是不服气，演出排练的时候也觉得没意思，大家怎么会选她呢？”

面对这种场景，你可能会这么对孩子说：

“我觉得应该也是，你这么漂亮，怎么没选你，这是不公平！”

会“说话”的父母这样说：

“孩子，你这样想可不好，老师和同学们这样的决定应该是剧本需要，你因为嫉妒同学而不配合演出就很不好了。而且，嫉妒别人让自己生气是得不偿失的，把心胸放开才能心情愉悦。”

当孩子责任感缺失时
——要言教，更要身教

张会是一名六年级的学生，他学习成绩还可以，但在老师和同学们的眼中，他就是个懒人：轮到他们小组值日时，他总是磨磨蹭蹭，敷衍了事，或者是偷偷跑掉，把活儿全丢给其他同学；班里举行春游，需要带着炊具和食材到野外去做饭，张会总是专挑轻的东西拿；一旦父母出差不在家，他总是穿得十分邋遢……他的懒惰糗事数不胜数，同学们也因此对他很有意见。

一天下午，妈妈休假在家，看到儿子还没到上学时间就回家了，便问：“儿子，今天学校放假吗？怎么回来得这么早啊？”

“没有，今天班级组织大扫除，但是老师临时有事不在班上，让我们自己劳动完就回家。”

“可你怎么回来了？”

“我们小组负责擦窗户，有好几个人呢，我平时在家里就不干活儿，怕做不好，而且想到要爬高我就有点头晕，所以就中途溜回来了，反正老师又不在。”

听了张会的话，妈妈摇了摇头，心想，难怪同学们都对自己的孩子有意见，不怎么喜欢跟他相处，原来是他这么懒惰，做事没有责任心啊。

有话要说

张会的行为，表面上看是懒惰的表现，实际上更深层次的原因却是责任感缺失，因为他没有对他人、对集体的责任感，所以总是想着偷懒和逃避责任。

责任感是一种高尚的道德品质，是立足于社会的重要品质。人活于世，不仅要对自己负责，还要承担对别人和社会的责任。当一个人缺失对他人的责任感时，就会损害别人的利益，给他人带来不便，甚至会做出有危害后果的事情。而一个懂得责任感的孩子，能够深刻地体会到自己对他人、对社会的意义和价值，会具有更强的生存能力。因此，在家庭教育中，对孩子责任感的教育也是不可或缺的一个环节，尤其是当父母发现孩子责任感缺失时，更应该及早干预，用言传身教帮助孩子走出误区。

青春期是孩子成长的重要时期，孩子的很多习惯、处事态度等都会在这一时期形成，所以在这个时期，父母以言传身教增强孩子的责任感，并积极应对孩子责任感缺失的问题是很重要的。总体来说，当孩子责任感缺失时，父母可以从如下方面去努力：

首先，用父母的责任感培养孩子的责任感。孩子的观察能力和模仿力很强，父母言谈举止中所透露出来的责任感和责任行为往往对孩子有潜移默化的作用。所以在责任感教育方面，父母也应该率先示范，以良好的言行引导和教育孩子，用自己的责任感来培养孩子的责任感。如果父母发现孩子有责任感缺失的表现时，应该首先反思自己平日的言行，看是不是自己的某些不良行为影响了孩子，如果有，父母就应该在主动承认错误之后以自己的这些行为作为反面例证，告诉孩子这么做的危害以及应该怎样去做。

其次，培养孩子的责任感应该大处着眼，从小处着手。培养孩子的责任感并不是总给孩子讲大道理，而应该注重生活细节，善于从小处着手，让孩子在生活中感受责任的分量，哪怕只是倒一次垃圾，洗一块手帕，一次维护公共财物的举动，一件表示同情心的事情。当孩子在小事中表现良好时，父母应该给予鼓励和表扬，反之，则应该及时指出并进行教育。

最后，告诫孩子要对自己的行为负责，而不能总找借口推脱。找借口几乎是人的天性，孩子也不例外。生活中，有些孩子做了不负责任的事情时，常常会找出这样那样的理由和借口来推脱。身为父母，应该及时而理性地纠正孩子这种不良的行为习惯，告诫孩子不应该为自己的行为找借口。

有责任感是个人走向成熟的标志，只有懂得责任并积极承担起自己的应负的责任，才谈得上美好的将来。身为父母，应该明确意识到这点，注意自己的言行，从小培养孩子的责任感。

说话演练场

崔欢是个胖胖的小男孩，活泼好动，而且做事情有些鲁莽，为此闯了不少祸，也没少挨父母的骂，但他本质上还是一个诚实的孩子，平时有什么事情也总会跟父母说。有一天放学回家后，他一语不发，默默地走向自己的房间，表情好像有些焦虑。

妈妈见了，连忙问："儿子，怎么了，表情这么凝重！"

"妈妈，今天我又闯祸了。"

"到底怎么回事，说说看？"

"今天课间的时候我们几个同学在讲台上玩，因为我力气太大，不小心把老师的凳子弄坏了，当时谁也没发觉，后来，老师问的时候，我没敢承认，因为我害怕……"

面对这种场景，你可能会这么对孩子说：

"既然谁都不知道，那就算了吧，说出来要被批评，而且还得赔偿呢！"

会“说话”的父母这样说：

“孩子，妈妈知道你是不小心弄坏的，可是，既然是自己做错的事情，就应该勇敢承认，并且担起自己应负的责任啊。这样吧，明天你先找老师承认错误，然后看看能不能修好，修不好的话咱们再进行赔偿，责任感比金钱更重要。”

当孩子对老师有误会时
——巧妙引导，帮助消除

最近一段时间，李强的父母觉得，儿子好像对老师颇有意见，因为他经常说老师的坏话。

一天，李强对爸爸说："我真不喜欢新来的班主任张老师，他太偏心了，还总喜欢乱批评人。"

"儿子，你怎么能随便说老师的坏话呢？"

"我没有胡说，张老师就是这样的人。前天上课的时候，同桌小月因为喜欢我新买的钢笔就动手来抢，我也不放手，谁知钢笔不小心掉在了地上，当我弯腰想去捡时撞翻了铅笔盒，发出了很大的响声。张老师听到后严厉地批评了我，却没有批评小月，还不是因为小月平时成绩好吗，老师真偏心！"

李强爸爸听后，认真地对儿子说："你们的张老师其实是个很好的老师，她不仅担起了教书的责任，还履行了育人的职责。所谓'严师出高徒'，老师之所以会批评你，其实是为了督促你要好好听课，这是关心你的表现。何况，你撞翻铅笔盒发出了很大的响声，已经违反了课堂纪律，影响了别的同学听课，是应该受到批评的。至于老师没有批评小月，可能是她讲课专心，没有注意到详细的经过，这是可以谅解的，我们应该学会从自己身上找原因……”

李强觉得爸爸说得很有道理，从此之后也没再说老师的坏话。

有话要说

生活中，人与人之间难免会发生误会，孩子因为对老师有误会而产生抵触情绪，甚至说一些坏话也是时有发生的，此时父母应当了解情况，并积极消除孩子对老师的误会和不满情绪，引导孩子学会正确看待老师的行为，纠正自己的错误看法。

学校是孩子学习的重要场所，老师也是孩子学习过程中非常重要的人物。孩子对于老师有误会和抵触情绪，说老师的坏话，不仅会让孩子很难静下心来好好学习，使孩子学习的积极性受到影响，而且还可能影响孩子的心理健康。因此，家长对于这一问题绝不能等闲视之，而应该积极引导和帮助。

首先，父母应该尊重和体谅孩子，让孩子把自己的情况和问题先说完。

当孩子表达了自己对于老师的错误看法或者表现出了对老师的抵触情绪时，父母应该保持中立的立场，先以一种温和的态度询问孩子发生的事情和孩子内心的真实想法，让孩子在宽松的环境中先发泄对于老师的不满，而不能不分青红皂白就责怪孩子。这样既能让孩子感受到尊重和理解，也能使得孩子的心理获得平衡。等听完孩子的想法之后，父母就可以根据具体情况进行引导和教育了。

其次，在孩子对老师有误会时，父母一定要引导孩子学会冷静、客观地看待问题，避免感情用事和主观臆断。

一般来说，孩子对于老师的误会多是由学习活动而引起的，老师对于孩子的批评也多是出于对孩子的严格要求，出发点是善意的，可能是孩子误会了老师。当然，有时候老师也因为没有弄清楚具体情况或是其他的一些特殊原因而错误地批评了孩子，让孩子觉得委屈和难过，此时父母应该教孩子学会正确地看待和评价自己与老师之间的误会，帮助孩子分析老师行为的得当与失当之处，说明老师的苦心和不足，让孩子学会体谅和宽容，以消除孩子对老师的偏见和误会。

最后，父母可以教孩子学会换位思考，从老师的角度思考问题，做到有理让人、无理认错。

孩子的认知能力毕竟有限，有时候其看问题也难免出现偏激、以自我为中心的情况，如果父母也站在孩子角度看问题，帮助孩子一起指责老师，结果可能使师生关系更糟糕；而如果父母在孩子有抵触的情绪的时候总是责骂孩子，让孩子无条件地妥协，也只能加剧孩子对老师的误会和抗拒。此时，父母正确的做法应该是：要让孩子学会站在老师的角度思考问题，有必要时还可以创设情境让孩子去体验老师的情绪和难处，让孩子学会多体谅他人，多为他人着想。同时，父母也可以告诉孩子，老师也是凡人，在教学和教育工作中不可能事事都做得完美，他们对于问题的判断和处理也不一定完全正确，每个人都应该体谅和宽容别人。

消除孩子对老师的误会其实并不难，只要家长有心，多注意加强与学校、老师的沟通，能多注意引导和帮助孩子就能做好。

说话演练场

张希个性开朗，比较健谈，喜欢结交朋友和与人聊天，有时也爱打抱不平。有一次上课，教语文的秦老师因为家中有事来晚了，班上的纪律大乱，很多同学都在大声地喧哗、随意走动，甚至有些班干部也是如此。秦老师知道情况后，严厉地批评了班上的那些向来喜欢调皮捣蛋的孩子，却没有批评那些违反纪律的班干部，张希很是看不过去。

放学后，张希把这件事情告诉了妈妈，并说："我越来越不喜欢秦老师了，他不是个好老师！"

"女儿，你怎么能这么说老师呢？"

"秦老师没有责任心，而且还很偏心，总喜欢批评差生，对于成绩好的学生和班干部，就会纵容。"

面对这种场景，你可能会这么对孩子说：

“老师都是这样的，所以，你要努力成为好学生，这样老师就不会总批评你了！”

会“说话”的父母这样说：

“孩子，这其中应该有些误会吧，你们秦老师对你们管得是比较严，这其实为了你们好，有好的纪律你们才能专心学习啊。而且，老师这次没有批评那些班干部，可能是因为老师并不了解具体情况，老师也不是神仙，这也是可以理解的……”

当孩子厌学时
——进行心灵对话，唤起学习兴趣

冬冬上初三了，马上面临着毕业考试，因此，父母对他管教得严厉了一点儿，尤其是在学习方面。但是，父母发现，冬冬以前的学习成绩还可以，但最近似乎是越来越不爱学习了，成绩也直线下降。父母着急上火，但冬冬似乎没有把这件事放在心上，当父母一再告诫冬冬要努力学习时，他又会表现出焦虑不安的情绪。

“冬冬，你最近是怎么了，学习这么不上心啊？”一天，妈妈问。

“没有啊，我没有不好好学习，只是想到马上就要升学考了，觉得压力很大。”

“是这样吗？我怎么发现你最近有些厌学，以前放学还知道看看书、做作业，可一上初三就连作业都不做了，书也不看了，要么看电视，要么就坐在电脑前，父母每天下班后还得监督你写作业。”

“妈，你别说了，初三的学业压力大，我本来就已经很烦了，你们还这样唠叨，以后我连学校也不想去了，我越来越不喜欢学习了，学习只会让人感到痛苦。”

“你这孩子，这是什么思想，父母供你上学还不是为了你好，你怎么就体会不到父母的苦心呢？”冬冬妈妈叹气说。

冬冬一听，什么话都没说，直接进了卧室。

有话要说

很明显，冬冬是有了厌学情绪，这种情绪与初三时的学习压力有关，也与冬冬的心理素质等因素有关。

厌学心理是对学习产生厌倦乃至厌恶，从而逃避的一种心态。这种心理状态直接影响到孩子的学习，并危害他们的身心健康。一些家长认为，只有在学习上不努力、脑子比较笨的、本来就很不喜欢学习的孩子会产生厌学情绪，可事实上，一些平时学习成绩还可以、对待学习很认真的孩子有时也会产生厌学情绪。

厌学情绪并不仅仅指厌恶学习、对学习没有兴趣，还可能与外界的因素有关。学习压力太大会影响孩子学习的热情和主动性，使孩子因为焦虑、害怕而厌学；家长和老师对孩子期待值太高会加重孩子的学习负担，当孩子无法承受这些重负时，会对父母的做法产生反感，进而发展到讨厌学习、讨厌上学；当孩子学习十分努力，但是却总是拿不到好成绩，无法从学习中得到满足感和成就感，多次受挫时，会逐渐形成“我是差生”的观念，产生厌学情绪；当孩子最近情绪状态不好、与同学关系不融洽、受到周围人厌学情绪影响等也会使孩子突然间厌恶学习。

针对以上引起孩子厌学的原因，父母可以多与孩子进行对话和交流，具体情况具体分析，采取有效的措施唤起孩子的学习兴趣，如下的几点很重要：

首先，不要过分给孩子施加压力。孩子的学习兴趣并不是逼出来的，而是需要培养，让孩子拥有轻松的心理是激发其学习兴趣、促使孩子正常学习的关键。所以在家庭教育中，父母不仅不应该对孩子加压，还要学会给孩子减压。当孩子感受到学习压力时，父母应该用委婉的话语减轻孩子心理上的顾虑和负担；当孩子因为成绩差而感受到压力时，父母不仅要帮助孩子补功课，更重要的是给予安慰和支持，帮助孩子树立自信。

其次，消除孩子对学习的痛苦印象。相对而言，学习成绩差的孩子更容易产生厌学情绪，因为成绩跟不上，对学习感到“头痛”，他们常常会因此把学习当作一种折磨和痛苦，变得厌倦书本，害怕作业和考试。因此，父母应该尽力帮助孩子改变这种对学习的痛苦印象，让孩子能在轻松的氛围中体验学习的乐趣，增强自信心。同时，父母在监督孩子学习时还应鼓励他们劳逸结合，因为张弛有度的学习才能让孩子保持良好的学习状态和兴趣。

最后，父母可以帮助孩子走出一些不良情绪的影响，帮助孩子与周围的人建立良好和谐的关系。平时，父母可以多多关注孩子的情绪变化，积极引导和疏导，让孩子免受不良情绪的困扰。同时，父母还可以有意识地培养孩子与周围人交往的能力，多带孩子参加一些集体活动，以提升孩子心理上对集体生活的适应能力。

针对孩子厌学的问题，父母不能简单对待，而应该对症下药，这样才会收到良好的效果。

说话演练场

小凤是一个在学习上比较勤奋的学生，在学校的时候，她上课总是认真听讲，在家里学习也很努力，可她的成绩却一直处于中等水平。经过认真反思，她觉得这都是因为自己脑子笨，即使努力学习也赶不上别人，久而久之，她对于学习的热情逐渐减少，甚至产生了厌学情绪。

“爸爸，我不想去上学了！”小凤对爸爸说。

“这是怎么回事呢？你以前不是学得很有劲头、很勤奋吗？”

“我觉得自己的脑子实在太笨，尽管很努力，可总赶不上别人，现在我已经开始讨厌学习了。”

面对这种场景，你可能会这么对孩子说：

"整天胡思乱想，再这样，小心我教训你！"

会"说话"的父母这样说：

"你怎么会这么想呢？你现在成绩不好，并不说明你笨，可能与学习方法有关。再说，学习本来是件很有趣的事情，你不要把它想得那么痛苦啊，调整好心态，以后会慢慢进步的！"

当孩子总是很健忘时
——多方面寻找原因

洋洋是个聪明活泼的小男孩儿，很讨大人喜欢，但他比较健忘，做事情总是丢三落四的。每天老师在课堂上布置完作业，他放学回家后就会忘记；妈妈让他去超市帮买东西，他一路走一路念叨着，可到了超市之后就不记得了；平时，洋洋还经常丢三落四，不是忘记书放在哪里了，就是上课时发现自己忘了带文具……

有天早上，洋洋准备去上学，可刚走出家门，他又折返回去。

"妈妈，我的红领巾忘在家里了！"洋洋对妈妈说。

"嗯，又忘记了。"妈妈摇摇头。

拿好红领巾之后，洋洋刚想出去，想了一下说："唉，我的文具盒好像放在书房了。"于是他又去拿文具盒。

等洋洋快出发的时候，妈妈看到了放在餐桌上的语文课本，于是说：“洋洋，你的书好像也没有带吧，今天不是有语文课吗？”

“嗯，是哦，我昨晚已经收拾了，怎么又忘了？”

“你这孩子，怎么总是这么健忘。”洋洋妈妈很是不解，听说只有老年人才会患健忘症啊，为什么像洋洋这样的小孩子也有健忘症呢？

有话要说

生活中，几乎每个父母都希望自己的孩子聪明、活泼、记性好，可有些孩子却常常表现得记性差、喜欢丢三落四，不少父母常为此而觉得自己的孩子得了健忘症，忧心忡忡。实际上，孩子的情况也许并没有他们想象的那么严重，如果父母能静下心来好好帮孩子寻找原因，并有针对性地采取一些纠正措施的话，孩子的情况可能就会得以改善。

一般来说，孩子记忆保持的长短主要受四种因素的影响：一是对记忆对象的感知程度，凡对记忆对象感知得清楚、印象深刻的，在头脑中的保持就长久；二是对记忆信息的理解程度，凡是获取的信息容易以及和已有的知识有联系的内容就比较容易记住；三是与情绪有关的内容，孩子特别容易记住那些使自己高兴或者不高兴的富有情绪色彩的事情；四是主要取决于兴趣，孩子对感兴趣的东西记忆力能够很好地发挥出来，对不感兴趣的东西，不管有多么重要，仍然保持漠不关心的态度，自然也就记不住。所以，当孩子总是健忘时，父母应该先寻找原因，然后，帮助孩子克服健忘的毛病，提高记忆力。如下是一些有助于孩子甩脱健忘帽子、提高记忆力的方法，父母不妨在平时多多参考：

首先，培养孩子健康的饮食观念。有相关科学证明，造成孩子记忆力低下的元凶是甜食和咸食，所以父母帮助孩子克服健忘的毛病，可以首先尝试从培养孩子健康的饮食观念入手。平时，父母可以多给孩子吃含维生素、矿物质、纤维质丰富的蔬菜水果，以提高孩子的记忆力。像玉米、全小麦、黄豆、蘑菇这些食物对提高记忆力很有帮助，要多食用。银杏叶提取物可以提高大脑活力注意力，对记忆力也有一定的帮助。

其次，培养孩子健康的生活方式。鼓励孩子养成科学规律的生活习惯，良好的作息习惯和生活规律能使生物钟保持正常运转，对于人体的健康是非常有益的，所以父母在平时应多注意培养孩子有规律的生活习惯，让孩子学会劳逸结合，既要在学习的时候多动脑，激发学习热情，也要注意休息。同时，父母还可以让孩子学会把物品放在固定的位置，使用后放回原处，对于一些重要的事情可以采用用笔记录的方式，养成良好的生活习惯。

最后，重视孩子的情绪和心理健康。父母还应该多重视影响孩子记忆力的好坏的情绪和心理等因素。孩子良好的情绪和积极的心态可以帮助神经系统与各个器官、系统的协调统一，使机体的生理代谢处于最佳状态，从而反馈性地增加大脑的活力，对提高记忆力颇有裨益。

此外，父母还应该注意，记忆也是心理过程的重要组成部分，所以父母在平时可以多给孩子一些积极的心理暗示，而不要总说“你的记忆力差、你的记性不好”之类的话，这样只会让孩子变得更加健忘。

说话演练场

明雪今年已经上小学四年级了，她其他方面都还好，可就是总也改不了健忘的毛病。在生活中，明雪经常会弄丢东西，原因是不记得放在哪里了；在学习上，明雪尽管很努力，可成绩还是很一般，很大的原因的就是她记性不好，花很长的时间去背去记，可效果总是不好。明雪父母怀疑自己的孩子得了健忘症，非常着急。

一次，明雪又因为没有在课堂上将老师要求背诵的课文背下来而被留了下来，很晚才回到家。

“你怎么这么晚才回来？”妈妈问。

“我又被老师留下来背书了，别的同学很早就背好了，可我就是记不住，所以留到了现在。”

“嗯，那你现在能背了吗？”

“嗯，我背完老师才让我回来的，可回到家之后我发现好像什么都不记得了。”

面对这种场景，你可能会这么对孩子说：

“小小年纪就这么健忘，我和你爸爸那么聪明，怎么就生出你这个记性差的孩子，真丢人。”

会“说话”的父母这样说：

“你先别着急，好好回忆一下，急是没有用的，待会也许就想起来了。而且，背书也是要讲究技巧的，死记硬背肯定效果不好，等下妈妈教你几招。”

当孩子总喜欢发脾气时
——丢掉纵容，学会疏导

小迪以前还算听话，可进入青春期之后，脾气却暴躁得厉害，一有什么不如意的事情就会大发雷霆，有时甚至会动不动就对父母发火，即使是跟他讲道理，他也总是听不进去，而如果父母责备他几句，他就会乱砸东西或是离家出走，他的父母为此很是头痛。

有一年寒假，好朋友齐齐告诉小迪，父母将要带着自己去海南玩，他非常羡慕，也十分想去。于是回到家后就马上对爸爸说："爸爸，齐齐全家一放寒假就要一起去海南玩，我也想去！"

"可是我和你妈在你放寒假的时候还要上班啊，我们只有春节前后才能放假……"

"我不，我就不，我一定要一放寒假就去！"没等爸爸说完，小迪就嚷嚷开了。

"年前是父母最忙的时候，爸爸答应寒假带你去，你就先体谅一下父母吧。"

"不行，如果你们不带我去我明天就不回家了，到时候我自己一个人去！”说完，小迪把手中的书重重地扔在了沙发上，走进房间，啪地关上了门。

有话要说

生活中，像小迪一样爱发脾气的孩子可能还真不少，以至于一些父母时常有这样的感慨：“我们家孩子脾气很大，不管怎样都哄不住！”的确，青春期的孩子往往比较敏感，也比较叛逆，加上性格和思想还没有完全成熟，这可能是不少孩子乱发脾气的原因。可是，这些生理因素的影响并不是最重要的，孩子乱发脾气，很大一部分原因还是与家庭教育不当有关。

一些孩子乱发脾气主要与生长的环境有关，相比而言，从小娇生惯养的独生子女更容易发脾气，这是因为从小家人就事事以他为中心，孩子要什么就给什么，久而久之，孩子就会养成遇上不遂意的事就发脾气的习惯。而一些孩子乱发脾气，则可能是其父母本身就是一个脾气暴躁的人，孩子在家里耳濡目染，很容易会变得和父母一样。另外，如果父母在平时不注意自己的教育方式，在开始发现孩子有这一恶习时没有及时制止和纠正，孩子就可能变本加厉，形成恶性循环。如在孩子因为想要某件东西而发脾气的时候父母没能及时教育，反而纵容和对孩子屈服时，孩子常常会形成一种错觉——只要我发脾气，他们就会让步，我的愿望就能实现。这样，孩子以后稍有不如意就会通过发脾气的方式来解决。

那么，当孩子发脾气时父母应该怎样应对，怎样才能帮助孩子改掉这一习惯呢？有教育专家指出，遇到孩子乱发脾气时，父母最好能坚持这样三点原则：一是不能向孩子“俯首称臣”；二是当孩子发脾气时，适当地采取“横眉冷对”的方式；三是父母需要“以身作则”，让孩子从榜样的身上学到正确的东西。

直接地说，当孩子发脾气时，父母的正确做法应该是：先保持冷静，对孩子的不合理要求绝不迁就，始终要让孩子明白，无论他怎么发脾气，父母都不会因此而妥协。当孩子因为发脾气而吵闹或乱扔东西，听不进家人的劝告时，父母不妨运用冷处理的方法，先不去理会孩子，等孩子的情绪平静一点再跟孩子讲道理，细心地引导、教育孩子，相信孩子会从一次错误的行为中吸取教训。

当然，如果父母在孩子发脾气时总是严厉批评，甚至打骂孩子，这种教育方式也是很不可取的。专家认为，对于孩子乱发脾气的问题，父母最好不要采取过于强硬的态度，而应该掌握更为灵活的方法，如可以将孩子的注意力转移到其他方面，以缓和紧张的局面，可以给孩子多一些时间和空间，让孩子先去发泄，让其学会控制自己的情绪，自我平息。这样坚持一段时间后，相信孩子乱发脾气的习惯会得到较大改变。

说话演练场

建元的父母最近很为儿子的坏脾气而头痛，建元虽然只上小学五年级，但脾气却很大，稍不如意就大吼大叫，又哭又闹。当建元发脾气的时候，他的爸爸妈妈常常表现得手足无措。多数时候，父母会为了息事宁人而选择依着孩子，可有时候，父母也觉得孩子脾气大对于孩子将来的成长是十分有害的，一定得想办法好好教育一下孩子。

一天晚上，一家人都在客厅里，建元和妈妈在看电视，爸爸在看报纸，当建元看到电视上播放冰激凌的广告时，突然说："妈妈，我想吃冰激凌，非常非常想，你帮我去买吧。"

"儿子，现在时间已经很晚了，外面的商店都关门了，等明天再吃吧。"

"不行，我今天就要吃，要不我今晚就不睡觉。"说完，孩子便在沙发上大哭大闹，一边尖叫还一边扔东西。

面对这种场景，你可能会这么对孩子说：

"好，你别哭了，马上帮你去买！"

会"说话"的父母这样说：

"道理已经跟你讲明白了，现在很晚了，外面的冰激凌店都打烊了，你发脾气也没有用，经常这样乱发脾气可不好。"

当孩子有“社交恐惧症”时
——关心孩子的感受并且积极帮助

李玟的妈妈最近很为女儿担心。因为在前不久的家长会后，老师跟她说，李玟平时性格内向，沉默寡言，上课时总不能积极回答问题，下课之后也不怎么喜欢与同学交流，这对于孩子的成长十分不利。李玟妈妈回想一下，觉得孩子平时比较听话而且内向，在公共场合胆子向来很小，不禁怀疑自己孩子有“社交恐惧症”。

“玟玟，今天是周末，你怎么不出去找同学玩啊？”

“不去了，也没什么玩伴，我还是在家好好学习吧。”

“学习也要注意劳逸结合啊，你出去玩吧，去找隔壁的肖丽吧，她今天在家。”

“不，我绝不会找她玩的，她那么好动，话也很多，还总喜欢到人多的地方凑热闹，我可不想。”

“热闹很好啊，大家一起玩才开心嘛！”

“我不觉得，我喜欢一个人安静地待着，在人多的地方我常常感到害怕而焦虑，遇到有人跟我说话我还会心怦怦跳，手心出汗，我一点也不喜欢跟别人交流！”

李玟的妈妈觉得女儿一定是得了“社交恐惧症”了，但一时也找不到什么好的教育方法。

有话要说

现实生活中，有些孩子也和李玟一样，喜欢独处，害怕与人交往和当众说话，在与人交往时常常会表现得焦虑不安，担心在别人面前出丑，所以总是尽力回避，有关专家将这种心理行为称为“社交恐惧症”，也称作“社交焦虑障碍”。

心理学家认为，“社交恐惧”这种不正常的心理状态可能与一个人的性格、心态、成长环境等因素密切相关，假如一个人性格内向，童年时期在社交场合遭受过打击或是在成长过程中经常被人讥讽，为人缺乏自信等时，就很容易产生“社交恐惧”心理。当然，一些间接的不愉快经历也可能促使孩子畏惧社交。

在这个社会上，学会与人交往很重要，良好的社交能磨炼和增强一个人的能力。一个孩子接触面越广，那么他的知识储备和社交能力将长进得越快；而如果总是害怕与人交往，那这个孩子的发展将受到很大的限制。所以，做父母的一定不能轻视孩子的社交障碍问题，而应该多多关心孩子的情况和感受，及时给予帮助。

首先，多留心观察孩子的行为。在日常生活中，父母应该多多关心并询问孩子的感受，注意观察孩子是否有社交恐惧倾向，积极预防。如果父母能多留心观察孩子的行为，及时审视自己对待孩子的行为是否恰当，并尽早纠正不恰当的教育行为，给予孩子更多的关爱，孩子出现心理问题的概率就会小很多。

其次，给孩子多一些学习社交的机会。很多孩子之所以患上“社交恐惧症”，很大的原因就是平时缺少锻炼的机会，所以父母要帮助孩子，就可以多给孩子提供一些学习交往的机会，如带着孩子参加一些集体活动，看到其他人时鼓励孩子热情地打招呼，让孩子在平时多与别人交谈，多带着孩子一起去拜访亲友，当家里来客人时多给孩子一些说话和表现的机会等，这些都是能让孩子学习如何与人交往的机会。此外，在平时的交往过程中，父母还可以教孩子一些交往的技巧和注意事项，让孩子在实践中掌握并增强社交能力，这样，孩子就能慢慢学会正确与人交往了。

最后，培养孩子的自信心和良好心态。有些孩子的羞怯并不完全是因为紧张，而是因为自己能力和知识缺乏而感到自卑，针对这种情况，父母应该在教育和培养孩子方面多下功夫，平时可以多加强孩子在文学、音乐、艺术等方面的学习，鼓励孩子多看课外书籍、报刊，广泛地吸收各方面的常识，这样孩子的素养提高了，就会变得自信起来，社交的能力也会进一步提高。

此外，当孩子在社交场合感到害怕时，父母还可以教孩子学习用深呼吸的方式来进行放松和调节，当然，要是孩子的不良反应比较严重时，父母最好还是带其去看看心理医生。

说话演练场

凯凯的家境很一般，父母为了养育他、供他读书，每天都要辛苦地工作，很少能闲下来与他交谈，关心和教育他。所以，他性格比较内向，做事独立，不喜欢与人交流。读初中时，凯凯因为学习成绩优秀而上了市重点学校，班上的很多同学家庭条件非常好，他因此而变得更加沉默寡言，社交恐惧的问题似乎更严重了。

有一天，凯凯对妈妈说："妈妈，我不想去学校了，想在家自学。"

"儿子，怎么了？你的学习成绩不是很好吗？"妈妈有些诧异。

"不是因为学习的原因，而是因为我害怕与人交往，班上的同学家里都很有钱，我很自卑，也害怕与他们说话，在班上也不怎么敢说话，一说话就怕自己说错，觉得别人会瞧不起我。"

面对这种场景，你可能会这么对孩子说：

"真没有出息，我们怎么会有你这样的儿子！"

会“说话”的父母这样说：

“儿子，一个人的优秀并不取决于物质，而在于精神和人格。其实你也很优秀的，你成绩那么好，而且又听话懂事，各方面表现都很出色。只要你能调整好自己的心态，大方地与人交流，大家只会称赞你，没有人会笑话你的！”